공부가 싫은 아이들의 자존감 교실

공부가 싫은 아이들의 자존감 교실

학습상담사의 특별한 코칭

오연주, 이민선, 임혜숙, 김은정 지음

푸른지식

추천하는 글

- 이 책과 인연이 된 것은 큰 행운이다. 이 책은 이론서가 아니라 따뜻한 학습상담 이야기로 가득하다.

  대부분 부모는 자녀가 공부를 잘하기를 바란다. 이런 소망이 크다 보니 학습을 강요하는 경우가 많다. 이는 필연적으로 부모 자녀 간 관계를 나쁘게 만든다. 부모는 먼저 자녀의 마음을 읽고 자녀의 강점을 볼 수 있어야 한다. 강점에서 출발해 작은 성공 사례를 만들고 자존감부터 키워주어야 한다. 부모 자녀 간에 문제가 발생하면 항상 피해를 보는 것은 아이들이다. 이렇게 되면 아이들은 점점 학습과 멀어져 가기 쉽다. 이 책에는 누가, 어떻게 아이의 자존감을 잃게 했는지에 대한 슬픈 이야기도 있지만, 아이가 다시 자존감을 찾는 따뜻한 이야기도 있다.

  이 책은 가장 중요한 공부의 원리를 깨닫게 해준다. 부모와 학교 선생님에게 "너도 너만의 강점이 있어!"라고 인정받는 것, 이를 통해 자존감을 회복하는 것, 이것이 핵심이다. 이 책이 자녀들이 자존감을 되찾고 잠재력을 실현해가는 계기가 되기를 바란다.

  이찬승(교육을 바꾸는 사람들 대표·서울특별시교육청 자문위원)

- 이 책은 학습의 어려움을 겪는 청소년이 상담을 통하여 어려움을 극복하고 자존감을 회복하는 희망의 이야기다. 우리는 너무 쉽게 학습 부

진아를 문제아라고 단정 짓고 골치 아파한다. 하지만 이 아이들은 어른들을 향하여 구조 요청을 보내는 것이다. 학생으로서 마땅히 해야 할 공부를 멀리하고는 있지만 누구보다도 다시 일어서고 싶어 하는 아이들과 오래 참으며 그들의 손을 잡아준 상담사들이 들려주는 가슴 뭉클한 이야기는 읽는 내내 코끝을 맵게 할 것이다.

이 책에 소개된 아이들은 처음부터 학습 부진아가 아니었다. 이 아이들이 그렇게 공부와 담을 쌓게 된 것은 다름 아닌 부모의 원인 제공에 따른 결과라고 할 수 있다. 하지만 이 세상의 많은 부모 중 누구도 자기 아이가 학습 부진아가 되기를 바라지는 않는다. 그런데 왜 이런 일이 생기는지 궁금하다면, 이 책을 끝까지 읽고 깊이 생각하기를 바란다. 대한민국의 미래는 바로 내 아이와 옆집 아이에게 달려 있고, 지금 그 아이들에게 사랑의 물을 주고 격려의 단비를 뿌려줄 사람은 아이들의 미래를 빌려 쓰고 있는 우리 어른들이기 때문이다.

그동안 경험한 결과를 귀한 책으로 묶어 세상에 내어놓은 오연주, 이민선, 임혜숙, 김은정 선생님의 수고로움에 깊이 감사한다.

민성숙(민성숙교육연구소장)

- 학교 현장에서 근무하는 교사로서, 단숨에 책을 읽어내려 갔습니다. 학교 보건실에는 자기 자신을 잘 관리하지 못하는 아이들이 많이 방문합니다. 요즘에는 단순히 몸이 아픈 것이 아니라 마음이 아픈 증상이 몸이 아픈 증상으로 발현되는 경우가 많습니다.

청소년 시기의 가장 중요한 발달 과업은 자아 정체감 확립이며, 이를 성취하기 위해서는 부모의 양육 태도와 가족의 지지가 중요합니다. 자신에 대한 확신이 없는 친구는 학교생활도 힘들어하는 것을 많이 보았습니다. 그러나 부모님의 믿음을 얻고 자신에 대한 확신이 있는 친구들은 결국 자기가 원하는 삶의 방향으로 나아갑니다.

대학을 가기 위하여 공부를 하거나, 혹은 직업을 가지기 위하여 특성화고로 진학을 하거나 기술을 배우는 이유는 모두 행복하게 살기 위해서입니다. 행복한 삶을 위한 전제조건이 자존감이며, 이는 교사와 부모의 지지가 있어야 가능합니다. 아이를 믿어주는 일, 기다려주는 것이 행복으로 가는 시발점이라고 생각합니다.

박성은(돌마고등학교 교사)

● 학교에서 상담받는 아이들은 가족과 교우 관계, 심리·정서 문제, 진로 및 학습 등에서 힘들어합니다. 하지만 그 아이들도 마음속으로는 잘하고 싶어 합니다. 단지 방법과 방향을 몰라 헤매는 것뿐입니다. 그런 아이들에게 조금 더 가까이 다가가서 살펴보고, 그들과 진심으로 대화를 나누고, 그들의 길을 찾아보는 과정을 통해 아이들은 청소년기가 그들의 삶에서 폭풍이 아닌 인생 여정의 한 부분이며, 어른으로 성장해 나가는 시간임을 알게 될 것입니다.

그런 의미에서 이 책은 현장에서 상담 선생님들이 아이들에게 어떻게 다가서고, 아이들과 어떤 대화를 나누고, 아이들과 무엇을 공감할 수 있는지를 따뜻한 마음으로 알려주고 있습니다. 방문 탁 닫고 자기 방에 들어가서 나오지 않는 아이, 입을 꼭 다물고 있는 답답하고 까칠한 사춘기 아이와 행복한 소통을 원하는 부모에게 쉬운 설명서와 같은 이 책을 추천합니다.

박희경(서울 보성여자중학교 전문상담교사)

- 이 책에 등장하는 '소영'이를 보면서 제 딸아이를 보는 느낌이었기에 가슴이 아리고, 그동안 딸아이를 이해하지 못하면서 다 아는 것처럼 대한 내 모습을 되돌아보게 됩니다. '소영'이의 행동, '현민'이의 생각을 이해하면서 아이들에게 필요한 것이 무엇인지 조금 더 살아본 어른으로서 고민해보는 시간이었습니다. 조금씩 의젓해져 가는 아이들의 모습을 보면서 '엄마로서의 나', '상담가로서의 나'의 모습이 키다리 아저씨 같은 모습이어야겠다고 생각하게 됩니다.

청소년기 자녀를 둔 학부모에게는 우리 아이들의 말투를 통해 우리 아이들의 생각을 읽어내는 방법을 전해주면서, 아이들에게 조심스럽게 다가가는 방법을 알려주는 안내서 같았습니다. 상담에 관심이 많은 입문자에게는 상담가의 역할과 상담 방법을 모니터링할 수 있도록 기록한 '수필 같은' 전공 서적처럼 느껴집니다.

우리 아이들이 좀 더 행복한 모습으로 커가길 바라는 학부모에게 이 책을 권합니다.

김기연(능인종합사회복지관 부장)

머리말

배움이 느린 아이는
한 번 더 안아주세요

"어휴! 우리 아이가 어릴 때는 공부 잘했는데……. 지금은 왜 이러는지 모르겠어요."

자녀의 학습 문제로 부모를 만나 면담할 때 가장 자주 듣는 이야기입니다. 사실 대화의 속뜻을 살펴보면 '어휴'는 자녀에게 해줄 것은 다 잘해줬는데, '우리 아이가 어릴 때는 공부 잘했는데…….'는 원래 우리 아이는 똑똑한데 학교에서 제대로 학습이 이루어지지 않아서, '지금 왜 이러는지 모르겠어요.'는 왜 공부도 안 하고, 성적도 나쁘고, 학교에서 문제까지 일으켜서 나를 상담하러 오가게 하는지 모르겠다는 뜻일 때가 많습니다. 결국 부모로서 해줄 것은 다 해주고 있는데 왜 이런 상황이 발생했는지 모르겠다는 뜻입니다.

그러나 아이들과 상담하다 보면 아이들에게서 가장 많이 듣는 말이 "우리 엄마 아빠는요, 제 맘을 몰라요."라는 것입니다. 부모는 자녀에게 해줄 것을 다 해주고 있는데, 자녀는 그런 엄마·아빠에게 고마움을 느끼기는커녕 자신의 마음을 몰라준다고 섭섭해합니다. 이렇게 부모와 자녀의 대화에서 나타나는 괴리는 자라나는 아이들에게 정서적 불안감을 느끼게 합니다. 정서적 불안감이 장기화하면 자존감도 떨어져 생활 전반에 다양한 문제가 발생하게 됩니다. 그중 가장 심각한 문제가 바로 학습과 관련한 문제입니다.

부모들은 자녀의 학습 문제로 상담하는 것을 매우 부끄럽게 생각하는 경향을 보입니다. 자녀의 학습 문제를 해결하려고 상담사와 만나러 와서도 속으로는 '내가 왜 자녀 때문에 상담까지 받아야 해?', '내 마음을 왜 다른 사람에게 이야기해야 해?'라고 부정적으로 생각하는 부모가 많습니다. 또한, 이런 마음을 속에 품고 있기에 자녀의 학습 문제가 나타나도 관련 상담을 받는 분보다 상담을 받지 않는 분이 더 많을 겁니다.

그러나 지금 학습 문제로 가정, 교우 관계, 학교에서 큰 상처를 입고 힘들어하는 사람은 누구일까요? 공부는 잘하고 싶은데 어떻게 해야 잘할 수 있는지 방법은 알 수가 없고, 공부에 시간과 노력을 투자해도 결과는 기대에 미치지 못하며, 이런 자기 모습에 점점 자신감을 잃어버려서 말이 없어지거나 학업이 아닌 다른 부분에서 자신감을 되찾으려다 과도한 행동으로 문제를 일으키는 사람은 누구일까요? 바로 학업 문제로 가장 큰 상처를 입는 우리 아이들입니다.

부모가 상담에 보이는 부정적인 태도를 긍정적으로 살짝 바꿔주기만 하여도 바람직한 변화가 일어납니다. 부모의 긍정적 마음가짐이 자녀의 학습 문제를 해결하는 가장 큰 열쇠입니다.

20년에 가까이 학습상담을 해오면서 학습에 어려움을 호소하는 아이들의 문제가 무엇인지를 살펴본 결과, 다양한 원인 속에서 공통으로 나타나는 원인을 발견하였습니다. 공통된 원인은 아이를 지지해주고 격려해주는 부모의 부재 또는 적절하지 않은 양육법이었습니다. 많은 자녀와 부모를 도와왔지만, 사실 아이들이 긍정적으로 변화하는 속도에 가장 많은 영향을 주는 사람은 상담사가 아니라 부모라는 것을 밝힙니다. 상담사의 도움을 바라기보다는 부모가 자신의 현 양육법을 돌이켜보고 자녀에게 맞는 양육법을 공부하여 직접 자녀에게 실천하는 편이 자녀의 긍정적 변화를 훨씬 더 빠르게 가져올 수 있습니다.

그러나 부모와 상담하다 보면 자신의 양육법은 신경 쓰지 말고 아이 문제만 상담해달라고 하는 부모가 대부분이라 안타까울 때가 많았습니다. 한번은 아이의 지능이 학습하기에 아무 문제가 없는데도 심각한 정서·행동적(우울, 분노, ADHD 등) 문제가 나타나서 병원의 전문 치료에 약물 복용까지 필요한 사례가 있었습니다. 아이의 부모는 병원의 치료와 약물 복용이 학습 문제를 100퍼센트 해결해주리라고 믿고, 자녀와의 관계에 변화를 꾀하려는 노력은 전혀 하지 않았는데 결국 부모가 바라는 변화는 일어나지 않았습니다.

학습상담 분야에 몸담은 우리 저자들은 뜻을 같이하여 부모가 자녀의 자존감을 제대로 키워주어 자녀에게 학습 문제가 발생하지 않도록 하는 데 도움을 주고자 이 책을 출간하게 되었습니다. 책을 읽는 부모에게 재미있으면서도 도움이 될 수 있도록 내용을 구성하고자 딱딱한 이론을 늘어놓기보다는 다양한 이야기를 중심으로 글을 작성하였습니다.

이 책에 소개한 여러 이야기는 학습에 어려움을 겪는 아이들에게 자존감을 높여주어 학습을 즐겁게 할 수 있도록 도와준다는 내용의 기본 줄기는 같지만, 이야기마다 가족의 상황이나 아이가 학습에서 문제에 부딪히는 원인이 모두 다릅니다. 이런 이야기는 다양한 가족 구조의 형태를 제시하여 부모로서 자녀를 양육하는 데 도움을 줄 것입니다. 이 책에 나오는 이야기들은 그동안 상담 경험을 바탕으로 여러 가지 내용을 주제에 맞게 재구성했으며 가명을 사용하였습니다.

이 책이 나오기까지 따뜻한 도움을 주신 푸른지식 출판사 대표 및 관계자들에게도 감사를 전합니다.

마지막으로 우리 저자들은 학습상담 관련 여러 기관에서 업무로 매우 바쁜 가운데서도 올바르고 건강한 양육법이 자녀의 자존감 형성에 중요함을 안내하고자 의기투합하여 이 책을 출간하였습니다.

아이의 자존감은 부모님의 따스함이 깃든 대화와 태도를 통해 쑥쑥 자랍니다. 자존감이 높은 아이들이 학습 실패를 경험하여도 다시 도전하고자 노력할 힘이 있어서 학습의 성공적 경험으로 연결할 수 있습니다.

"아들아, 딸아!"

지금 바로 자녀에게 따스함이 깃든 대화와 자녀가 바라는 행동을 해주십시오.

2017년 3월

오연주, 이민선, 임혜숙, 김은정

차 례

추천하는 글   4
머리말_배움이 느린 아이는 한 번 더 안아주세요   9

앞서가는 엄마 때문에 공부 안 하는 아이   17
부모의 무관심 때문에 분노를 통제하지 못하는 아이   44
다투는 부모 때문에 음식을 거부하는 아이   64
엄마 때문에 세상에서 공부가 제일 무서운 아이   83
짜증 내는 엄마 때문에 스스로 공부하지 못하는 아이   103
집중력이 낮은 아이에겐 질책보다 사랑이 필요하다   130
사랑과 관심으로 극복한 난독증   156
외로운 아이에겐 마음을 나눌 친구가 필요하다   180
버팀목이 없어서 늘 시험이 불안한 아이   203
아이는 부모의 믿음으로 성장한다   225

맺음말_아이의 성적표가 아닌 마음을 들여다보세요   243

앞서가는 엄마 때문에 공부 안 하는 아이

초등학교에서 중학교로 진학하는 전환기에 있는 청소년들은 대부분 학기 초에는 어려움을 겪다가도 시간이 지날수록 적응해 나가지만, 정서적으로 문제가 있는 일부 학생은 이 시기에 심하게 방황하기도 한다. 한국교육과정평가원의 자료에 따르면 초등학교 6학년보다 중학교 1학년이 긴장감, 성숙에 대한 압박, 신경을 써야 하는 일, 심리적 불편(피곤, 부담감)이 증가했다고 응답하는 비율이 더 높았다. 그만큼 중학교 1학년 아이들이 심리적으로 더 많은 어려움을 겪는다는 것을 알 수 있다. 중학교로 진학하면서 대부분 아이들이 어려워진 학과 공부, 복잡해지는 친구 관계, 자신을 바라보는 주위 시선에 대한 부담감, 급격한 호르몬 증가로 자신도 스스로 이해하기 어려운 정서 변화 속에서 혼란스럽다. 그래서인지 어른의 관점에서는 합리적으로 옳다고 생각하는 판단에도 아이들은 이성적인 반응에 앞서 감정적으로만 대응할 때가 많다.

자라나는 아이들은 사춘기라는 성장통을 겪는다. 이 시기를 어떻게 보내고 이해받는가에 따라 아이들의 학교생활도 달라진다.

소영이가 겪은 것은 단순한 전환기에 따른 심리적 어려움은 아니었다. 초등학교 때부터 자신의 의지하고는 상관없는 날이 계속되었으며, 그런 날들을 거부하는 반응이 중학교에 입학하면서 겉으로 나타나기 시작했다. 특히 학습이 어려워지자 자신감은 떨어지고, 친구들에게 먼저 다가가지 못해 교우 관계도 원만하지 않았다. 그래서 나를 만났을 때도 자신을 보호하고자 뾰족한 가시를 세운 고슴도치처럼 까칠하게 대했다.

우울한 사춘기 소녀와의 첫 만남

사춘기에 접어들어 우울한 학생들은 자신의 감정을 표현할 때 짧게 단답형으로 말하며, 길게 이야기하고 싶어 하지 않는다.

"그냥 그래요!"

"짜증 나요."

"그냥요. 그만하고 싶어요."

"피곤해요."

이는 귀찮으니 더는 건들지 말라는 표시다. 아무리 준비된 상담사라도 이와 같은 유형의 대답을 계속 듣게 되면, 머릿속이 하얗게 변하면서 편하게 대화를 이끌어가기 어려워진다. 아마 자녀와 좋은 관계를 맺고자 노력하는 부모도 이런 대답만 이어질 때 답답하기는 마찬가지일 것이다. 아이들과의 만남은 늘 조심스럽지만, 특히 사춘기의 소녀는 더 조심스럽다.

상담을 받으러 오는 아이들은 여러 모습이다. 자신이 원하는 바를 얻으려고 상담사가 좋아할 만한 말을 하는 아이가 있다. 이런 아이를 만날 때면 슬쩍 속아주기도 한다. 이 아이는 다른 사람의 성향을 파악하는 능력이 있는 것이다. 부모도 자녀가 뻔한 거짓말을 하고 있다는 것을 안다. 하지만 이 거짓말이 나쁜 것이 아닌 하얀 거짓말일 때는 살짝 모르는 척해주는 것도 한 방법이다. 또 어떤 아이는 무조건 자신을 건드리지 말라고 엄포를 놓기도 한다. 이 아이는 주변에 불만이 많거나 화가 나 있는 것이다. 그래서 조심조심 다가간다.

하지만 오늘 만난 아이는 마음의 문을 꼭꼭 닫아버려서 별다른 반응이 없다. 마치 상담사가 언제까지 이 상황을 버틸 수 있는지 시험이라도 하듯 냉소적이다.

"나는 오늘부터 소영이 너와 함께할 상담사야. 반갑다."

"……."

소영이는 흘낏 나를 쳐다보고는 아무 말 없이 의자에 앉아 창밖을 바라본다. 나는 상담을 어떻게 진행할지 설명한다. 하지만 소영이는 듣는 것 같지 않다. 여전히 창밖만 본다. 나도 속으로 한숨을 내쉰다.

"언제 상담하는 것이 편해?"

"상관없어요."

소영이가 창밖을 보며 무심하게 처음으로 한 말이다.

"나는 이 날, 이 날이면 좋을 거 같은데, 너는?"

"……."

다시 말이 없다. 나는 괜찮다는 것을 보이려고 나오는 한숨을 다시 삼킨다.

"그러면 오늘 소영이가 온 요일에 계속 만나자."

우울한 사춘기 소녀, 중학교 1학년 소영이와의 첫 만남은 이렇게 나 혼자 애를 쓰다 끝났다. 지금 다시 기억을 떠올려도 가장 힘든 상담 중 하나였다.

고슴도치 사춘기 소녀

단발머리, 하얀 얼굴, 마른 몸매, 뚜렷한 이목구비의 소영이는 부유한 집 아이로 세련되어 보였다.

'이 친구는 무슨 사연으로 세상이 어떻게 되든 상관없다는 표정을 지으며 이 자리에 나오게 된 것일까?'

말도 없고 무표정하게 앉아 있는 소영이는 상담을 원하는 아이가 아니었다. 나는 어렵게 말을 꺼낸다.

"학교생활은 어때?"

"학교요? 흥, 재미없어요. 나대는 애가 너무 많아요."

그러고는 갑자기 나를 빤히 쳐다보며 말했다.

"근데, 그건 왜 물어보세요? 짜증 나게."

"여기 학교가 마음에 안 드니?"

나는 은근히 긴장된다.

"마음에 안 들면 전학 보내줄 수 있어요?"

대뜸 전학이란 말을 꺼낸다.

"전학 가고 싶어?"

"전학 가고 싶은데, 우리 엄마가 안 된대요."

이런저런 말을 하는 소영이의 얼굴과 말투에서 짜증과 신경질이 묻어나는 것을 느낄 수 있다. 소영이는 상담 중에도 지루하다는 표현으로 계속 하품하고 손에 든 거울을 보면서 머리를 정리한다. 어느 때는 내가 소영이에게 무시당하는 기분이 들기도 하지만, 이것이 이 아이의 진심이 아니라는 것을 그동안의 상담 경험을 통해 느낄 수 있다. 그래서 난 다시 웃는 얼굴로 소영이에게 다가갈 수 있다.

"형제는 어떻게 돼?"

질문할 때마다 살얼음판을 걷는 느낌이다. 소영이가 머리를 정리하다 멈춘다.

"남동생 한 명이요."

"남동생이 있구나. 남동생이랑 잘 지내?"

"걘 나 싫어해요. 아마 제가 공부 못한다고 한심하게 볼걸요."

고슴도치가 공격하려고 온몸의 가시를 모두 세우고 있는 모습처럼 느껴진다. 소영이는 자신이 공부를 못하는 것이 신경이 많이 쓰이는 모양이었다. 상담에서 활동지는 대화를 자연스럽게 끌어나가기 위한 것으로 아이의 마음을 짐작할 수 있도록 도와주는 도구다. 나는 상담을 위해 활동지를 꺼낸다. 소영이는 나의 그런 행동을 보자마자 "아, 저 그런 거 안 해요. 쓰는 거 정말 싫어하거든요."라고 하며 보지도 않고 거부한다.

"이거 공부 아니야. 우리가 좀 더 이야기를 잘하려고 준비한 거야. 그냥 활동지야."

나도 모르게 설명이 장황해졌다.

"저한테 아무것도 시키지 마세요."

소영이는 이 말과 함께 책상 위에 놓인 활동지를 휙 던져버리고 거울을 본다. 이 또래 소녀들은 늘 거울을 들고 다닌다. 거울을 보면서 자신의 얼굴도 보고 이마를 가린 앞머리를 가는 빗으로 정리한다. 이런 행동은 청소년기에 나타나는 자연스러운 모습이다. 모든 사람이 자신을 보고 있는 것 같아 외모에 신경을 많이 쓰는 것이다. 소영이도 같은 행동을 하고 있다. 하지만 소영이가 상담실에서 이렇게 행동하는 것은 '당신에게 관심 없다'는 표현이라고 생각되었다.

이렇듯 소영이와 만나는 시간은 늘 어렵고 조심스럽고 긴장되고 쉽지 않았다. 어쩌면 상담을 끝까지 못 할 것 같은 불안한 마음도 들었다. 하지만 다행스럽게도 소영이는 상담 시간에 한 번도 늦거나 빠지지 않고 잘 찾아왔다. 정말 상담이 싫었다면 안 올 수도 있었을 테지만, 소영이는 그러지 않았다. 단지 상담 시간에 아무것도 하지 않으려고 했다. 그래도 나는 소영이와 억지로 대화하거나 소영이가 아무것도 하지 않으려는 것에 대해 부정적 피드백을 하지 않았다. 이런 시간이 소영이에게는 상담일 수도 있다는 생각이 들었기 때문이다. 나중에 안 사실이지만 소영이는 이런 시간이 처음이었다고 했다. 그래서 그것이 이상해서 계속 오게 되었다고 했다.

아이의 문제를 마주하기 두려운 어머니

소영이와의 만남에서는 한동안 무엇을 해도 공감을 불러일으키거나 소통을 할 수 없어 애가 탄다. 상담이 끝날 때까지도 계속 이런 상황만 연출할까 봐 걱정되었다. 어느 날인가는 상담실에 들어가는 게 걱정스럽기까지 했다. 상담 중반이 지나갈 때까지도 소영이는 여전히 묻는 말에 "그냥요.", "그냥 그래요.", "그만할래요."라고만 답했다.

소영이는 조용해서 수업 시간에는 눈에 띄지 않는 학생으로 겉보기에는 별문제가 없는 것처럼 보인다. 하지만 수업에 전혀 흥미를 느끼지 못하고 있었다. 자기 반에서는 교우 관계도 원만하지 않았다. 함께 지낼 친구가 없어 조용하게 지낸 것일 수도 있다. 그래서 소영이는 쉬는 시간마다 초등학교 때 친하게 지냈던 친구를 찾아간다. 그러다 보니 더욱 반 친구들과 어울릴 기회가 없었다. 소영이가 찾아가는 유일한 친구도 어머니가 초등학교에 다닐 때 연결해준 아이였다. 어쩌면 소영이는 친구를 사귀는 방법을 모를 수도 있다. 보통 친구는 누가 가르쳐주지 않아도 자연스럽게 사귈 수 있다. 하지만 사회성이 떨어지는 아이에게는 친구를 사귀는 방법을 알려주어야 한다. 또 소영이는 규칙을 어겼을 때 변명으로 위기를 넘긴 적이 자주 있었다고 한다.

초등학교에 다닐 때 소영이는 모범생이었다. 공부도 잘하고, 친구들과도 비교적 큰 문제 없이 잘 지냈다. 하지만 중학생이 되면서 급격한 변화가 생겼다. 학습 의욕이 떨어진 것은 물론이고 새로운 친구와 어울리기도 힘들었다. 그러다 보니 학교생활에 적응하기가 어려워지고 학교생활의 만족도 또한 떨어질 수밖에 없었다. 소영이는 방황하고 있었다.

소영이 어머니에게 도움을 받고자 연락했다. 하지만 어머니의 목소리를 들어 보니 불만이 많은 듯했다.

"안녕하세요? 저는 소영이 상담사입니다."

"네, 그런데요?"

"어머니, 한번 만나 뵙고 소영이에 대해 이야기를 나누고 싶은데요. 시간 어떠세요?"

"꼭 만나야 하는 건가요? 제가 좀 많이 바빠서요. 그냥 전화로 말씀하세요."

"전화로 하기에는 좀…….."

"사실 소영이가 이 상담을 왜 받아야 하는지 잘 모르겠어요. 담임 선생님이 이걸 추천하신 의도도 잘 모르겠고요. 사실 이해가 안 돼요."

먼저 소영이 어머니는 상담을 부정적으로 생각하고 있었다. 어머니의 말투에서 그런 부정적인 것을 자신의 아이가 받아야 한다는 상황에 화가 많이 난 것이 느껴졌다. 많은 사람이 아직 상담에 부정적인 것이 사실이다. 상담은 문제가 있는 사람이나 받는다고들 생각한다. 하지만 상담은 나를 알아가는 과정을 도움을 받는 것이다. 소영이 어머니는 소영이가 왜 힘들어하는지 알지 못했다. 심지어 힘들어한다는 사실조차 인식하지 못하는 듯했다.

"네, 그런 부분도 만나 뵙고 설명하고 싶습니다. 시간은 어머니 편한 시간으로 정하시면 제가 맞추겠습니다."

"아, 저 많이 바빠서 만나는 것은 어려울 거 같아요. 그냥 우리 아이 이야기만 잘 들어주세요. 이것저것 너무 물어보지 마시고요, 그리고 애 스트레스 받지 않도록 해주세요."

"아, 네, 알겠습니다. 혹시 궁금하신 점이 있으면 언제든지 전화나 문자 주세요."

"네, 수고하세요."

이 마지막 인사말조차 차갑게 느껴졌다.

소영이 어머니와 통화하면서 이번 상담 신청은 어머니에게 상처가 되었을 수도 있겠다는 생각이 들었다. 어머니는 두려운 것이 있는 듯했다. 어쩌면 초등학교에 다닐 때까지는 주변에서 인정받았던 자신의 딸을 갑자기 문제아로 취급하는 듯한 느낌을 감당하기 어려웠을 수도 있다. 그래서 소영이를 도와주려는 것에도 예민하게 반응하는 건 아닐까? 아니면 자신이 소영이를 잘 돌보지 못해서 이렇게 된 것이라는 죄책감에 시달리고 있는 건 아닐까? 만약 그렇게 생각하고 있다면 시간이 더 많이 필요할 것이다.

상담을 거듭해 나갈수록 실타래가 풀리기는커녕 자꾸 더 엉키는 느낌이 들었다. 소영이는 무엇이 힘든지 이야기하지 않은 채 여전히 냉소적으로 나를 대하고 있다. 그런데 소영이 어머니는 나에게 소영이에게 아무것도 묻지 말고 듣기만 하라고 한다. 특히 가정사는 꼬치꼬치 캐묻지 말라고 당부했다.

친구들이 모두 나를 싫어해요

"애들은 다 이상해요."

"애들이 저를 다 싫어해요."

이러한 말들 속에서 소영이가 친구들과의 관계에서 어려움을 겪는다는 것을 알 수 있었다. 하지만 소영이가 느끼는 것이 모두 진실이 아닐 수 있다. 그래서 질문에 답하면서 자신이 생각하는 것이 진실이 아니라고 스스로 깨달을 방법을 선택했다.

"너희 반 전체가 다 너를 싫어하니?"

"물론 그렇진 않죠. 그렇지만 대부분 아이들이 다 저를 싫어하는 것 같아요."

"그것을 어떻게 알았니?"

"느낌으로 알 수 있어요."

"그래, 소영이 말처럼 반 아이들이 다 너를 싫어하는 것은 아니야. 그리고 느낌으로만 알 수 있었던 거지? 혹시 너한테 누가 정말 싫다고 말한 적은 없지?"

이 말에 소영이는 잠시 생각하는 듯하더니 조그만 목소리로 "그렇네요."라고 대답한다.

"우린 가끔 착각해서 내 상황이 최악인 것처럼 받아들이고 행동할 때가 있어. 그런데 한번 다시 생각해보면 내가 잘못 생각한 것도 많거든. '내가 너무 과장해서 생각했구나.'라는 것을 알게 되면 마음이 한결 편해진단다. '뭐 그럴 수도 있겠네.'라는 생각이 드는 거지."

"그렇지만 나와 놀거나 함께 있으려는 친구는 아무도 없어요."

"놀고 싶은 친구가 있니?"

소영이는 아무런 대꾸도 없이 책상만 바라본다.

"그런 친구가 있으면 한 번쯤 먼저 다가가 말을 건네 봐."

"그건 별로예요."

"모두가 다 거절하진 않을 거야."

소영이는 단 한 번으로 모든 것을 깨닫지는 못했다. 실제로 소영이와의 대화에서는 "그 친구가 너를 일부러 뺀 게 아니라, 일부러 뺐다고 생각한 건 아닌지 생각해보렴."이라는 식으로 많이 이야기했다. 이런 질문을 통해 비합리적인 생각을 합리적으로 바꾸는 연습을 했다.

심리학자 앨버트 엘리스Albert Ellis는 심리적인 고통은 비합리적인 사고방식 때문에 발생한다고 보았다. ● 흑백논리로 판단하거나 '반드시', '꼭' 등 비합리적인 생각을 진짜로 받아들이면서 괴로워하는 사람들이 있다. 이 사람들에게는 질문을 통해 비합리적인 생각이라는 것을 깨닫게 하고 합리적으로 생각할 수 있도록 도와주어야 한다.

소영이도 이런 과정을 통해 "친구들은 모두 다 나를 싫어한다."라는 이야기는 덜하게 되었다. 사실 소영이는 반 친구들을 비난하고, 욕하면서도 그 친구들과 잘 지내고 싶어 했다. 그러나 자신을 부정적으로 바라보았으므로 친구들과 잘 지내지 못하는 것이 자존심 상했다. 그것을 인정하고 싶지는 않아서, 자꾸만 문제 자체를 부정해버린 것이다. 그러고는 친구들이 자신을 싫어한다고 상황을 왜곡하여 받아들임으로써, 교우 관계에서 자신감을 잃고 우울해하고 있었다.

그날의 상담은 놀라운 전환기였다. 이전에는 소영이가 이렇게 말을 많이 한 적도 없었고, 내 질문에 자신의 마음을 이야기한 것도

● 윤순임 외 14인, 『현대상담·심리치료의 이론과 실제』, 중앙적성출판사, 2011

처음이었다. 기다린 보람이 있다. 소영이를 만나는 것이 걱정과 근심에서 기대로 바뀌었다.

상담실에만 머물기에는 아까울 정도로 날씨가 무척 맑은 날이었다. 소영이와 밖으로 나가기로 마음먹었다.

"우리 산책할까?"

"정말 그래도 돼요?"

소영이의 눈이 휘둥그레진다.

"그럼, 마트에 가서 네가 좋아하는 음료도 사 먹고, 산책하다가 오는 거 어때?"

"가요."

나는 소영이의 손을 잡고 상담실을 빠져나간다.

벤치에 앉아 음료수를 마시며 지나가는 사람들도 구경하고 공원의 나무, 꽃도 살펴본다. 하지만 이 순간에 말은 아끼고 침묵으로 시간을 보내기도 했다. 누구와의 만남에서 때로는 아무것도 안 하는 시간이 무엇을 하는 것보다 더 의미 있을 때가 있다. 소영이와의 만남은 이런 침묵의 의미를 일깨워 주었다. 소영이가 하늘을 바라보는 모습에서 예전에는 없던 여유와 미소를 찾아볼 수 있었다.

굳게 닫힌 아이의 마음이 열리는 순간

소영이와 상담한 지 벌써 3개월째로 접어들었다. 소영이는 처음보다 나아졌지만, 태도는 여전히 냉랭했다. 상담에 적극적이지도 소극적이지도 않았다. "아무것도 안 할래요."라는 말은 이제 하지 않는다. 이것만으로도 다행이었다. 나는 이 또한 긍정적인 변화로 받아들인다.

상담할 때 아이들에게 좀 더 편안한 환경을 제공해주고자 간식과 차나 음료를 준비한다. 하지만 소영이는 간식을 챙겨 주어도 웬만해선 먹지 않았다.

"시원한 음료수야."

"괜찮아요. 저 다이어트 중이에요."

소영이는 다이어트를 해야 하니까 음료수도 과자도 먹지 않겠다고 한다.

"혹시 다른 거 먹고 싶은 거 있어?"

선뜻 대답하지 않는다. 소영이와의 대화에서는 침묵이 자주 있었고, 그때마다 난 기다렸다.

"편의점에서 파는 거요. 참치가 들어간 삼각김밥이요."

난 의외의 답을 들으니 당황스러웠다. 삼각김밥은 언제든지 먹을 수 있는 것이 아니던가? 하지만 소영이는 좋아하는 것을 마음대로 먹을 수 없다고 한다. 소영이 어머니는 소영이에게 못하게 하는 것이 너무 많았다. 소영이는 자신은 태어날 때부터 잔병치레가 많고 몸이 약해서 어머니가 탄산음료는 물론이고, 편의점에서 사 먹을 수 있는 간식거리는 대부분 금지하고 유기농 식품으로 대체했다고 한다. 초등학교에 다닐 때는 아침에 어머니가 간식을 따로 챙겨주어서 한때 가지고 다니기도 했는데, 중학교에 올라와서는 다이어트 핑계로 간식을 가지고 다니지 않고 있다.

그다음에 상담하러 가던 중 편의점이 눈에 들어왔다. 문득 소영이가 먹고 싶다던 삼각김밥이 생각났다. 편의점으로 들어가 삼각김밥을 종류별로 다섯 개를 사서 간다. 그리고 소영이가 상담실에 오기 전에 보기 좋게 차려놓았다.

"진짜 사 오신 거예요? 우와, 왜 이렇게 많이 사 오셨어요?"

"네가 먹고 싶은 것 실컷 먹으라고 사 왔지. 뭐부터 먹을래?"

그날 소영이는 삼각김밥을 먹으면서 상담했다. 평소 입맛이 없다며 학교 점심 급식도 먹지 않는 아이였지만, 삼각김밥을 세 개나 먹었다. 그리고 갑자기, "제가요, 왜 공부 안 하는 줄 아세요?"라고 물었다.

"글쎄."

"사실은 엄마 때문이에요. 근데 엄마는 그 사실을 모르고 있어요. 그게 더 짜증이 나요."

초등학교에 다닐 때부터 소영이는 수학, 영어 고액 과외를 받았는데 그때마다 어머니와 심하게 다투었다. 소영이는 어머니의 뜻대로 할 수밖에 없었고, 어머니의 공부 강요에 힘이 들었지만 마음속으로 참고 또 참았다고 했다. 그 덕에 성적은 나오는 편이었지만 항상 억지로 해야 하는 공부가 싫었다.

"우리 집은 대단해요, 저만 빼고요. 엄마는 학교 교사, 아빠는 유학파 대학교수, 동생은 영재. 정말 대단하죠?"

소영이 어머니의 교육열은 학군이 좋다는 강남으로 이사를 올 정도로 높았다. 어머니는 자녀 교육에 자신감이 대단하였으며, 다른 사람의 이야기를 듣기보다는 자기 이야기를 더 많이 늘어놓는 편이었다.

"소영이는 엄마인 제가 잘 알아요. 지금 사춘기라 그렇지 금방 좋아질 거예요."

"큰 문제가 있는 것도 아닌데 왜 그런지 모르겠네요."

"제가 집에서 얼마나 많이 노력하는데요."

어머니에게 연락할 때마다 이런 말들을 언급하곤 했다.

소영이 어머니는 소영이가 당연히 공부를 잘할 줄 알았고, 시키는 대로 잘 따라올 줄 알았다. 그리고 소영이 교육에 많은 돈을 썼다. 소영이를 유명하다는 영어 유치원에 보냈고, 초등학생일 때는 일주일에 세 번이나 한 시간 이상이 걸리는 거리에 있는 학원에 보내기도 했다. 소영이는 맹목적으로 어머니가 정한 그 많은 학원 일정을 따라야 했다. 그 일정을 소화하기가 힘들었다.

소영이는 친구가 거의 없었다. 교우 관계도 어머니가 만들어준 것이었다. 소영이와 친하게 지낼 만한 친구들을 집으로 초대하여 파티를 열고 함께 어울릴 수 있도록 해주었다. 그래서 소영이에게 친구가 생길 수 있었다. 어떻게 보면 어머니가 세심한 듯이 보일 수도 있다. 하지만 그 때문에 소영이는 할 수 있는 것, 할 줄 아는 것이 거의 없게 되었다. 결국 소영이에게는 도움이 되지 않는 일이었다. 어머니가 만들어준 몇몇 친구 덕분에 소영이의 초등학교 생활은 그리 어렵진 않았던 것 같다. 이런 이야기를 들으며 소영이에 대한 어머니의 기대가 남달랐으리라고 추측했다.

하지만 6학년이 끝날 무렵 예비중학 선행학원을 다니면서부터 소영이는 짜증을 더 많이 내고 힘들다고 말하기 시작했다. 그러다가 중학교에서 본 첫 시험의 결과가 좋지 않자 소영이는 어머니와 싸우는 일이 잦아졌다고 한다.

"제가 첫 시험을 망쳤는데 엄마가 뭐라고 한 줄 아세요?"

"글쎄."

"이번에 들어간 학원비가 얼마인데 점수가 그따위로 나온 거니? 도대체 너는 뭐가 부족해서 성적이 이 모양이니? 우리 집에서 너만 빼면 아무 문제도 없는데 참 한심하다."

소영이는 어머니의 흉내를 내며 말한다. 어머니는 이런 이야기를 아무런 거리낌 없이 소영이에게 퍼부었다고 했다.

"한번은요, 제가 시험공부를 하다가 잘 안 돼서 다른 일을 하고 있는데 갑자기 문을 열고 들어오시더니 '너 이번에도 성적 망치려고 작정한 거니? 도대체 우리 집에 너 같은 애가 어떻게 태어났는지 모르겠다. 정말 속 터져 죽겠다.' 하시더니 문을 쾅하고 닫고 나가시는 거예요."

소영이는 나름대로 노력하려고 했지만, 가족에서 자신을 자꾸 밀어내려는 듯한 어머니의 잔소리를 이겨내기 힘들었다고 했다. 속이 상해서 한참을 울다가 문득 '엄마가 나를 이렇게 생각하는데 내가 공부해서 뭘 해. 엄마에게 복수할 거야. 이젠 공부도 안 하고, 말도 안 할 거야.'라는 생각이 떠올랐다고 한다. 그러고는 밖으로 나가 온 거리를 헤매다 밤늦게 들어왔다고 한다. 비록 몇 시간 동안의 가출이긴 했지만, 소영이는 그날 어머니의 말 한마디 한마디가 자신이 존재 가치를 부정하는 것 같아 외롭고 슬프기만 했으며, 아직도 그날을 기억하면 가슴이 시리다 했다.

이렇게 어머니와 크게 싸운 소영이는 한동안 방 안에서 나오지 않고 자기 마음을 표현하는 방법으로 공부도 하지 않게 되었다. 하지만 이렇게 마음먹고 행동해도 속이 편해지는 것이 아니라 오히려 화가 나고 짜증도 나고, 학교에도 가고 싶지 않았다고 한다. 이런 우울한 감정이 소영이의 생활을 지배하면서 그늘이 드리워진 것이다. 소영이는 이렇게 그간 하지 못한 이야기를 삼각김밥을 먹으면서 털어놓았다.

실제로 소영이는 평소 어머니에게 이야기를 잘 하지 않았다. 어쩌면 못 하는 것이다. 하지만 어머니는 자신이 소영이를 다 안다고 생각하고 있었다.

내 경험에 비추어 보면 사실 내가 낳은 자식이라도 그 마음을 다 알 수는 없다. 성격검사를 해보면 어머니와 아이가 반대의 성향을 띠는 사례가 많다. 예를 들어 여행을 준비할 때도 어머니는 계획을 꼼꼼히 세우고 준비물도 미리 메모하며 챙긴다. 하지만 아이는 그곳에 가서 즉흥적으로 해결해도 된다고 생각한다. 이 두 사람은 서로 상대가 틀렸다고 말하며, 어떻게 여행을 그렇게 준비할 수 있는지 이해가 안 간다고 불평한다. 이것은 서로 이해하는 것이 아니라 자신의 기준으로 상대방을 판단하려고 하는 것이다. 따라서 아무리 부모와 자식 간이라도 다 알기는 어려운 일이며, 다 아다고 생각하는 것은 위험하다. 진정으로 서로를 이해하려고 노력해야 한다.

얼마 후 소영이 어머니와 긴 대화를 나누었다. 어머니는 소영이에게 들었던 가족의 일을 언급힐 때면, 가족의 치부가 드러난 것처럼 수치심을 느끼며 심하게 방어했다. 소영이가 지금 어머니에게 느끼는 감정과 가출한 날의 사건이 소영이에게 미친 영향을 설명했다. 소영이는 지금 어머니에게 시위를 벌이고 있다는 것과 이런 시위에는 '나 좀 잘 봐 달라.'라는 메시지가 숨어 있다는 것도 전했다.

어머니는 그날 자신의 말과 행동이 소영이의 마음에 비수가 되어 꽂혔다는 것을 알아차린 걸까? 나의 이야기를 듣고는 멍하게 한참 말을 잇지 못했다. 그동안 보지 못했던 어머니의 모습이었다. 그 모습을 어떻게 받아들이고 무슨 말을 건네야 할지 난감했다. 하지만 소영이를 너무나 잘 알고 있다고 믿었던 어머니는 자기 믿음이 잘못된 것일 수도 있다는 사실을 처음으로 인정하는 듯했다. 어머니가 화를 낼 줄 알았는데, 그러지 않아 참으로 다행이었다.

소영이와 나의 그 어렵던 관계를 700원짜리 삼각김밥이 해결해 주었다. 누군가와 친해지려면 밥을 함께 먹으라는 이야기가 있다. 기본적인 욕구의 해결은 굳게 빗장을 걸고 있던 마음의 문도 열 수 있는 마법 같은 힘이 있다는 것을 알았다.

부모가 자녀와 함께 식사해야 하는 이유가 여기에 있다. 사춘기 자녀와 따뜻하고 정성 어린 밥을 자주 함께 먹으면 자연스럽게 대화를 나눌 수 있고, 이런 대화는 서로를 이해하는 데 많은 도움이 된다. 밥상머리 교육이 중요한 이유다. 밥상머리 교육이란 '가족이 모여' '함께 식사하면서' '대화를 통해' 가족 간 사랑과 인성을 키우는 것이다. 다 알고 있다고 생각하지만, 사실은 모르는 것이 더 많은 것이 가족이다. 온 가족이 조금만 더 노력하면 자녀는 물론 가족 전체의 미래가 달라질 것이다.

아이가 고민을 터놓을 환경이 필요하다

청소년기의 우울 정서는 뇌 성장에 따른 호르몬 분비의 영향도 있지만, 그보다 더 중요한 요인은 청소년을 대하는 환경이다. 소영이가 본격적으로 사춘기에 들어서면서, 짜증을 부리는 일이 잦아지고 심리적 변화가 일어난 것도 사실이다. 하지만 사춘기 소녀가 다 그렇진 않다. 생물학적 변화와 더불어 정서를 자극하는 환경의 변화도 분명 존재한다.

소영이는 우울 증상이 주로 무기력과 짜증으로 드러났다. 상담 시간에 가장 많이 한 말이 피곤하고, 집에 가서 쉬고 싶다는 것이었다. 자녀를 살필 때는 여유를 두고 자녀의 신체와 정서 둘 다를 잘 살필 필요가 있다. 적당한 수면과 올바른 식사가 제대로 이뤄지고 있는지는 우울 증상을 가늠하는 중요한 척도가 될 수 있다. 신체의 안정은 뇌를 안정화하고, 편한 정서 상태를 유지하게 해줄 수 있다.

소영이가 자기 문제를 처음부터 터놓고 이야기하지 못한 것은 결국 말할 수 있는 분위기가 조성되지 않았고 상담사를 믿지 못했기 때문이다. 자신이 믿고 의지할 수 있는 사람이 한 사람이라도 있다면, 아이들은 그 사람에게 이야기할 수 있다. 그렇게 함으로써 아이들은 힘을 얻고 어려움을 극복할 수 있다. 신뢰할 수 있는 환경이 마련되지 못한다면 부모님, 친구, 교사, 상담사 등 그 누구와도 관계를 맺지 못할 것이다.

소영이 어머니는 상담을 끝나갈 무렵 나에게 연락해왔다. 처음 통화했을 때와 달리 목소리도 많이 차분해졌다.

"선생님 덕분에 아이의 마음을 헤아릴 수 있게 되었어요."

"어머니도 소영이를 위해 애쓰고 계셨다는 거 잘 알고 있어요."

"이제 소영이와 함께 운동을 해보려고 해요."

"잘 생각하셨어요. 함께한다면 더 좋을 거 같아요."

"그래서 함께할 운동을 찾고 있는데 어떤 것이 좋을까요?"

"너무 경쟁적인 운동보다는 협력할 수 있는 운동이 좋을 거 같아요."

　어머니는 자신의 과도한 행동을 후회하고 있었다. 소영이와 함께 운동하기로 한 것은 잘한 선택이다. 운동은 심장과 혈관, 뇌 등을 활성화해주고, 자신감을 키워주고, 쉽게 좌절하지 않도록 도와주는 역할을 한다. 하지만 이번 운동의 목적은 또 하나가 있었다. 운동을 함께하면서 어머니가 소영이의 마음을 이해하고, 어루만져 주려는 것이다. 그러다 보면 모녀는 좋은 관계가 될 것이다.

　소영이의 학교생활 부적응은 가족 관계에서 온 불안 때문이었다. 어머니의 자녀를 향한 애정은 컸지만, 과잉 통제로 문제가 생겼을 때 해결하려는 마음과 의사소통 기술의 부족으로 소영이의 불안이 발생하였다고 볼 수 있다. 이 문제가 악순환을 거듭하면서 소영이는 자신을 부정적으로만 바라보게 되고 그것을 사실로 받아들이면서 부정적인 인지 정서가 많아진 것으로 보였다.

　좀처럼 풀리지 않을 것 같았던 어머니, 소영이, 나와의 관계도 결국은 서로 믿어주려는 노력에서 실마리를 찾을 수 있었다. 어머니는 소영이와 더 많은 이야기를 나누고자 다음에는 가족 여행도 떠나려고 계획하고 있었다. 어머니는 변화하고자 하는 의지가 강하고 변하고자 노력하고 있다. 이렇게 어머니가 변화한다면 현재 소영이에게 있는 문제를 충분히 잘 해결해 나갈 수 있을 것이다.

　소영이네 가족은 별다른 문제가 없는 일반적인 가정이었다. 하지만 소영이는 행복하지 않았다. 우리나라 초중고 학생이 느끼는 삶의 만족도는 67.6퍼센트로 OECD 평균(85.8%)에 크게 미치지 못한다. 우리 아이들이 생각하는 행복의 요건은 화목한 가족, 성적 향상, 자유, 돈, 건강 순이라고 연세대학교 사회발전연구소는 〈한국 어린이·청소년 행복지수 국제비교 연구조사 결과보고서〉(2014)에서 밝히고 있다. 그렇다면 화목한 가족의 요건은 무엇일까? 경제적인 부와 안정도 중요하지만, 심리적 안정감 그리고 가족 간의 신뢰와 사랑, 믿음이 우선이다.

공부, 경쟁, 미래 그리고 성공에 대한 막연한 강박관념까지 매일 끊임없이 쫓기듯 살아가는 우리 아이들의 마음을 들여다보려는 노력이 필요하다. 내 아이가 무엇을 좋아할까? 부모의 관찰과 보살핌으로 화목한 가족이 될 수 있고, 아이가 행복해질 수 있다. 그러려면 부모는 자녀의 말을 잘 듣고 대화를 적극적으로 시도해야 한다. 이때 마음 읽기와 공감이 필요하다. 아이에게 이래야 한다, 저래야 한다고 일방적으로 늘어놓는 잔소리 등은 대화가 아니다. 대화는 말을 주고받는 것이다. 아이가 무슨 생각을 하고 있는지, 무엇이 힘든지를 말할 환경을 제공하는 것이 중요하다.

자녀에게 자신이 어렵고 힘든 상황에 부닥치게 된다면 부모가 도와주리라는 믿음이 있을 때, 자녀는 부모에게 속내를 솔직하게 이야기할 수 있다. 이러한 가족 관계는 아이를 행복하게 할 뿐만 아니라 어려운 상황이 닥쳐오더라도 그것을 이겨내고 극복하여 성공할 수 있는 밑바탕이 된다. 가정에서 부모의 지지는 자녀의 학업 성취도를 높이는 데 큰 역할을 한다고 한다. 그리고 아이가 공부를 열심히 했는데도 성적이 좋지 않을 때 다시 도전할 수 있도록 돕는다. 또 아이에게 자신이 혼자가 아니라는 생각을 하게 해준다.

다음 장에 나오는 현민이는 부모의 지지가 부족했었다. 그뿐만 아니라 외로움을 많이 느끼고 있었다. 소영이가 부모에게 자신이 원하지 않는 관심을 지나치게 받아서 힘들었다면, 현민이는 부모의 관심에서 밀려나 있어서 힘들었다. 현민이가 느끼는 외로움은 분노로 표현되었고, 분노는 주변의 친구들조차 현민이의 곁에 오지 못하게 했다.

○ 부모가 꼭 알아야 할 것

밥상에서 실천하는 자녀와의 소통 방법

요즘 가족이 다 같이 모이는 시간이 줄어들면서 대화의 시간도 줄어들었다. 밥상머리 교육이란 온 가족이 둘러앉아 식사할 때만이라도 편안한 대화를 나누어 자녀 교육을 실천하는 방법이다.

케네디가(家)는 이러한 밥상머리 교육을 중요시한 것으로 잘 알려졌다. 가족이 함께하는 식사시간은 일종의 짧은 예절수업 시간으로 자녀들의 인성 발달에 중요한 토대가 되었다. '밥상에서 가족이 함께하고 최소한 지킬 것을 지키는 것만으로도 교육이 된다'는 것이다.

케네디 전 대통령의 어머니인 로즈 여사는 자녀들이 식사시간을 지키지 않으면 밥을 주지 않았는데, 이는 자녀들에게 약속과 시간의 소중함을 일깨워주기 위함이었다. 또 식사할 때마다 그날 읽은 신문기사에 관한 이야기를 나누게 했다고 한다.

교육부와 서울대 학부모정책연구센터가 분석한 바에 따르면, 가족이 함께하는 식사는 아이들의 인지 발달, 학업성적 향상, 그리고 지능 발달에 도움이 된다. 하버드대 캐서린 스노우 교수의 연구 결과에서는 식사시간과 가족 간의 대화가 아동의 언어 발달에 매우 중요한 역할을 하는 것으로 나타났고, 컬럼비아대 약물오남용예방센터의 연구에서는 A~B 학점을 받는 학생은 온 가족이 함께하는 식사 횟수가 현저히 높은 것으로 나타났다.

온 가족이 함께하는 식사는 아이들에게 정서적 안정감을 준다. 이때 일방적인 교육이나 지시, 훈육이 아닌 대화가 오가게 해야 한다. 밥상에서 함께 나누면 좋은 것들에 대해 알아보고자 한다.

1   작은 것에 감사하는 마음으로 즐거운 식사시간을 만든다.

유대인들은 식사 전에 감사의 기도를 먼저 한다. 작은 것에 감사하는 태도는 마음을 따뜻하게 하고 가족 간 관계도 돈독하게 할 수 있다. 아이를 꾸짖을 일이 있더라도 식사시간 이후로 미룬다고 한다. 감사하는 마음으로 즐겁게 식사한다면 가족 간에 정을 나눌 수 있다.

2   정기적으로 가족이 모여 식사하는 시간을 보낸다. '1주일에 1번 혹은 2번 이상, ○요일 ○시'와 같이 일정한 시간을 정해놓는다.

가족이 자주 다 같이 모여 서로 얼굴을 보고 일상적인 대화를 편하게 나눈다면, 친근감이 커지고 가족 간 연대감도 증진할 수 있다. 정기적으로 대화를 나누어야 마음속 고민을 꺼내 놓을 수 있고 문제를 함께 해결할 수 있는 자연스러운 분위기가 조성된다. 가족 간에 이러한 문화 조성이 필요하다.

"우리 가족은 서로 대화하는 게 어색해요."
"무슨 이야기를 나누어야 할지 모르겠어요."

정기적인 가족 모임 시간을 갖는다면 어색함이 사라질 것이다.

3   어떤 '밥상'을 만들 것인지 식사시간에 나눌 특별한 주제를 미리 만들어 본다.

어떤 밥상을 준비할 것인지 가족이 의견과 기대를 모아 특별한 이벤트를 할 수 있다. 특별한 여행을 하지 않더라도 일상적인 밥상에서 가족과의 추억을 쌓을 수 있다.

'서로 칭찬해주는 밥상'
'도와주는 밥상'
'제일 좋아하는 음식, 최고의 만찬으로 행복을 느끼게 하는 밥상'
'특별한 주제에 관해 토론하는 밥상'
'편지 나누는 밥상'

4 '따뜻한 밥 한 끼'로 사랑과 진심을 전하는 시간을 갖는다.

밥상 교육에서 강조하고 싶은 것은 소통과 대화다. 밥상 교육이 중요함을 강조하는 이유는 먹는 기쁨을 누리는 동시에 자녀를 자연스럽게 교육할 수 있기 때문이다. 가족 간 해결하기 어려워 보이는 갈등도 '따뜻한 밥 한 끼'로 쉽게 풀 수 있다. 맛있는 음식이 주는 감농을 통해 그동안 막혔던 대화와 소통이 이루어진다.

"오늘은 사랑하는 ○○을 위해 따뜻한 밥 한 끼를 준비했어, 엄마는 네가 잘 먹는 모습만으로도 좋아."

"혼날 줄 알았는데 예상치 못한 따뜻한 밥상을 받으면서 나는 감동했다. 내일부터는 엄마 말씀을 잘 들어야겠다."

아이가 마음에 들지 않는 행동을 하거나 잘못해서 혼을 내야 할 때, 거친 말과 매보다 '따뜻한 밥 한 끼'가 더 효과적일 수 있다.

밥상에서 대화와 소통을 실천한다면 우리 아이들의 행복 지수와 만족도를 높이고, 건강하고 행복한 가정을 만들 수 있다.

부모의 무관심 때문에
분노를 통제하지 못하는 아이

　상담을 통해 만났던 학생들은 우울하거나 학습 동기가 부족한 경우가 많다. 대부분 무기력한 모습으로 아무것도 하려 하지 않았다. 한 시간 동안 고개를 푹 숙인 채 눈도 마주치지 않고, 대답조차도 귀찮아하는 아이도 있었다. 입은 옷은 대개 어두운 색으로 계속 같은 옷만 입었으며, 때로는 계절과 맞지 않는 옷을 입고 다니기도 했다. 마음이 우울에 잠기면 감각이 무디어진다. 그 아이들과의 대화는 나에게 많은 에너지를 쏟게 하고, 때로는 무기력해지게도 했다.
　분노가 가득한 아이들은 또 다른 면에서 나를 긴장하게 했다. 그런 아이들은 조그마한 일에도 화를 냈다. 소리를 치거나 눈을 부릅뜨고 씩씩거리곤 했다. 어린아이는 어른들이나 매체에서 나온 방법을 배워 화를 내기도 한다. 또 자신이 한번 화를 내었을 때 주변의 반응이 괜찮았다고 판단하면 그 방법을 되풀이해서 사용한다.

현민이도 화를 품고 있는 아이였다. 현민이의 화는 외로움에서 온 것으로 느껴졌다. 현민이는 화가 나거나 속상할 때 어떻게 해야 할지를 모르고 있었다. 그래서 화를 낼수록 더 외롭고 속상하고 짜증이 났다.

현민이를 만나면서 너무 힘들어 좌절을 겪었고, 스스로 상담사로 일하는 것에 대해 고민하기도 하였다. 하지만 상담사로서 용기를 내고 성숙하게 해준 것도 현민이었다.

나는 꽤 괜찮은 아이예요

따사로운 햇살이 눈부시다. 그런데 현민이의 얼굴은 어두워 보인다. 아이는 어머니를 비롯한 가족의 관심을 받지 못한 채 초등학교에 입학하였고, 이후 여러 가지 문제 행동을 보였다. 저학년 때는 학교 선생님의 주의로 현민이의 문제 행동이 줄어들었다. 하지만 학년이 올라갈수록 학교 선생님의 주의는 문제 행동을 고치는 데 도움이 되지 않았다.

현민이가 수업 시간에 엎드려 있으면 그나마 다행이다. 밖으로 나가기도 하고, 소리를 지르기도 하고, 심할 때는 흉기를 들고 친구에게 위협적인 행동을 하기도 했다. 그런 상황이 벌어지면 친구들은 두려움에 떨며 한쪽 구석에 몰려 있곤 했다. 이런 모습을 전해 듣고 나는 걱정이 많았다.

　보통은 아이가 상담할 장소로 나를 찾아오지만, 이번에는 내가 먼저 현민이를 찾아갔다. 나는 현민이와 친해지고자 무릎을 굽혀 아이와 키를 맞추고 아이의 눈을 바라보며 처음 말을 건넨다.

"현민아, 만나서 반가워."

　현민이와 악수하려고 손을 내밀었다. 현민이가 내 손을 뿌리칠 수도 있다고 각오하고 있었다.

"샘이랑 오늘부터 즐겁게 만나자."

"네."

　현민이가 대답했다. 그리고 내 손을 잡고 악수한다. 내심 깜짝 놀랐다. 예상했던 반응이 아니었다. 현민이의 손을 잡고 상담실로 오는 동안, 현민이가 손을 뿌리치는 일도 없었다. 상담이 시작되고 나서도 현민이는 그냥 어린 남자아이였다. 자신을 소개할 때도 수줍은 듯이 존댓말을 사용하고, 나의 질문에도 친절하고 공손하게 대답한다. 그 아이가 맞나?

　아마도 현민이는 내가 자신을 전혀 모른다고 생각하는 듯했다. 그래서 처음 만난 사람에게 그동안 알려졌던 모습이 아니라 자신이 원하는 이미지의 모습으로 보이고 싶었는지도 모른다. 차분하고 예의 바르고 상담사에게 집중하는 현민이의 모습에서 자신이 좋은 아이, 괜찮은 아이라고 인정받기를 원하는 것이 느껴진다. 현민이에게 멋지다, 예의 바르다 등의 말로 칭찬해준다. 그 말에 현민이는 크게 동요하지는 않아도 더 수다스러워지는 듯하다.

　기대 이상의 첫 만남이 지나가고 조금 친해졌을 때 가족 관계를 이야기하는 시간을 가졌다. 현민이는 아버지를 사자로 그려냈다. 그 이유를 묻자 아버지는 화가 많이 나면 큰소리를 지르고 때리기도 해서 무서울 때가 많다고 했다. 부모들은 자녀의 체벌, 특히 아들의 체벌에 덜 예민하다. 하지만 남자아이라고 다를 게 없다. 언어적, 신체적 체벌은 아이들의 마음을 닫게 한다. 이러한 체벌에 대한 기억은 성인이 되어서도 오래 남아 있는 경우가 많다. 특히 부모의 감정이 들어간 체벌은 자녀에게 좋지 않은 감정만을 남긴다. 정말 자신이 잘못한 것을 인정하고 빌을 빗는 것에 수긍할 때는 그 기억도 다르게 남는다.

　나는 어른이 되어서도 아플 때 찾아가는 소아과 의사 선생님이 있다. 그 소아과는 늘 아이들로 붐비고 대기실에서는 아이의 울음소리가 난다. 하지만 진료실에서는 우는 소리는 거의 들을 수가 없다. 그 이유는 진료 과정에 있다. 의사 선생님은 말을 하지 못하는 아이가 울 때도 인격적으로 대한다. 다정하게 말도 건넨다. 의사 선생님은 아이들이 말을 못한다고 해서 못 느끼거나 못 알아듣는 것이 아니라고 설명한다. 오히려 아이들이 더 강하게 느낀다고 한다. 아이들이 병원이 무서워서 울음을 터뜨리면 의사 선생님은 "어이구, 그랬어?", "청진기야, 괜찮아." 등의 말씀과 함께 자신의 얼굴에 청진기를 대는 행동을 하며 아이의 불안이 가라앉을 때까지 기다린다.

그러다 보면 정말 신기하게도 아이들은 울다가도 울음을 그친다. 아마 현민이도 아버지의 체벌에 많이 불안했을 것이다. 그 불안한 마음은 자신의 감정을 표현하지 못하게 했을 것이다.

현민이는 어머니는 착하고 예쁘다고 했고, 자신을 표현하는 동물로는 여우를 선택했다. 그리고 그 여우에게 꼬리를 세 개나 연달아 그려주었다. 보통 여우는 좋은 느낌이 드는 동물이 아니어서 다른 아이들은 싫어하는 사람을 표현할 때 주로 그린다. 현민이에게 물어봐야 했다.

"현민아, 여우 꼬리가 세 개네."

"네, 멋있죠?"

현민이의 좀 엉뚱한 답에 나는 더 궁금해졌다.

"지금 이 여우는 무얼 하는 거야?"

"허리에 손을 올리고 있고, 꼬리는 세 개가 아니라 땅을 탁탁 치는 모습이에요. 멋있죠?"

"정말 멋진 모습이구나. 정말 현민이 같다."

현민이는 여우를 멋지고 자신감 넘치는 모습으로 그려냈다. 여우에 대한 편견이 사라지는 순간이었다. 부모도 자식에 대한 편견이 있다. 한 번, 두 번의 실수를 그 아이의 본모습으로 단정하고, '걔가 그러면 그렇지.', '또 그러겠지.' 등으로 아이의 앞날을 결정짓기도 한다. 하지만 아직 성장 중인 아이에게는 적합한 태도가 아니다. 아이들은 호기심이 많고 창의적이다. 현민이 또한 창의력과 관찰력이 뛰어난 아이인 듯했다.

이런 현민이의 예의 바르고 열심히 하는 좋은 모습을 현민이 어머니에게 전해주고자 여러 번 전화했지만 어머니는 전화를 받지 않았다. 할 수 없이 문자로 소식을 전했더니 전화가 왔다. 어머니는 현민이에 대해서 이런 긍정의 말을 들은 경험이 거의 없었던 모양이다. 이제껏 어머니가 받아온 현민이와 관련한 전화 대부분은 부정적인 말을 전할 때가 많았다. 주로 현민이가 친구를 괴롭혔으니 주의해달라는 난처한 내용이었다. 그래서 어머니는 학교에서 전화가 오면 가슴이 철렁하고 받기를 주저하게 된다고 한다. 내 전화도 같은 용건이라고 생각해서 받지 않았다며 미안한 마음을 전한다. 그리고 현민이가 상담에서 보여준 태도를 다시 물어본다.

공격적인 행동 뒤에 숨겨진 착하고 여린 마음

상담이 시작되기 전에 현민이 학교 선생님이 나를 찾아왔다. 현민이의 행동에 어떻게 대처해야 할지 난감하다고 했다.

"현민이가 친구들에게 욕을 하고 화를 내더니 난동에 가까운 행동을 했어요. 벌써 세 번째예요. 아이들이 현민이를 무서워해요. 어떤 아이는 현민이 때문에 학교에 오기 싫다고 해요."

사실 나도 난감했다. 보통 싸움이나 이런 행동의 시작은 대부분 상대방 친구가 원인을 제공해서 이쪽에서 화를 내는 경우가 많다.

하지만 현민이는 그게 아니었다. 현민이가 친구들에게 시비를 거는 것으로 시작해서 마지막은 현민이의 폭력적인 행동으로 끝을 맺는다고 한다.

선생님의 이야기 속의 현민이는 상담실에서 만나는 현민이와는 전혀 다른 아이로 느껴졌다. 달라도 너무 달랐다.

현민이와 진지하게 선생님에게 들은 이야기를 해야 할까? 아니면 모른 척해야 할까? 언제 이야기를 꺼내는 것이 더 좋을까? 고민스러웠다. 현민이의 행동에는 분명 이유가 있을 것이다. 고심 끝에 현민이에게 분노를 표현할 기회를 주기로 했다.

나는 현민이와 함께 벽에 찰흙을 던지는 놀이를 했다. 보통 실내에서 던지기는 금지된 행동이다. 하지만 오늘은 이 금지된 것이 합법이 되는 상황이었다. 현민이는 찰흙 던지기 놀이를 하자는 내 말에 어색했는지 쭈뼛쭈뼛한다. 내가 먼저 힘껏 찰흙을 던져본다. 나의 적극적인 행동에 현민이는 잠시 당황하더니 벽을 향해 힘차게 찰흙을 던진다.

"멋지다! 잘 던지는데?"

"저 힘세요."

"이번에는 과녁을 그리고 던지자. 어때? 괜찮지?"

현민이는 흔쾌히 고개를 끄덕인다. 과녁이 생긴다는 것은 규칙이 생기고 승부가 생긴다는 것이다. 현민이는 반칙해서라도 나를 이기려고 애쓴다. 내가 좋은 점수가 나오면 자신도 좋은 점수를 받으려고 금을 밟거나 다시 하겠다고 우긴다. 나는 현민이의 반칙은 모른 채 넘어간다. 결국 현민이가 나보다 좋은 점수를 얻게 되자 기세가 등등하다. 마치 지난번에 그린 꼬리로 땅을 탁탁 치는 여우처럼 말이다.

나는 일부러 실수를 자처하고 점수가 형편없이 나오도록 했다. 그러자 현민이는 갑자기 따뜻한 아이로 변했다. "선생님, 그렇게 하면 안 돼요. 이렇게 해보세요."라며 구체적으로 지도해준다. 이렇게 너그럽고 따뜻한 현민이가 친구들에게 위협적인 행동을 하는 아이라니, 믿기 어려웠다. 끝내 현민이는 나를 이기고, 열심히 하는 모습에 칭찬까지 받고 돌아갔다.

나는 게임이 끝난 과녁을 바라본다. 아이가 열심히 던지던 모습, 이기려고 애쓰는 모습, 다정하게 잘 던지는 방법을 알려주던 모습에서 현민이의 다른 점을 발견했다. 이러한 현민이의 모습을 학교 선생님께 알려주었다. 선생님은 뜻밖이라고 하며 전혀 예상하지 못한 듯한 반응을 보인다. 그리고 나는 선생님에게 아주 작은 변화나 작은 노력에도 아낌없이 칭찬해달라고 부탁했다. 그날 저녁에는 현민이 어머니와 다시 통화하여 학교 선생님에게 부탁했던 내용을 어머니에게도 똑같이 부탁했다.

그날 이후 학교 선생님과 현민이 어머니는 내가 부탁했던 방식으로 아이를 대했다. 그런 일들이 이어지던 어느 날, 학교 선생님이 웃으면서 말했다.

"현민이가 지난주에는 아주 특별했어요. 수업 시간에 자리에 앉아서 수업을 들었어요. 그리고 제가 주는 과제를 완성하면 심부름할 수 있는데, 현민이가 처음으로 완성해왔어요. 그래서 심부름도 하고, 또 칭찬과 스티커도 받았어요."

선생님도 나도 온몸에 소름이 돋는 순간이었다.

'이제 조금씩 움직여주는구나. 현민아, 고맙다.'

이런 변화 속에서 현민이와 친구들 사이의 관계는 어떤지 궁금해졌다. 그리고 지난번 친구들에게 위협을 가했던 행동의 이유도 살펴보아야 했다. 상담실에서 다시 만난 현민이에게 친구와 어떻게 지내는지 조심스럽게 물어본다.

"현민아, 요즘 친구들과는 잘 지내?"

"네."

"혹시 너를 이해 못 하는 친구들은 없어?"

"없어요."

"그러면, 지난번에 친구들을 위협한 이유가 있을까? 그냥은 아닐 거 같은데."

아이는 갑자기 화를 크게 내며 교탁 밑으로 숨어버린다. 그러곤 아무 말도 하지 않고 발로 교탁을 쾅쾅 친다. 알리고 싶지 않았던, 숨기고 싶었던 자기 모습을 들켜서 당황하고 화가 난 듯하다.

"친구들이 현민이를 속상하게 하니?"

"……"

"아니면 현민이도 모르게 그런 일이 일어난 거니?"

"……."

"……."

"걔들이 자꾸 시비를 걸잖아요. 그래서 그랬어요."

현민이는 소리를 치듯이 이야기하고 다시 교탁 밑에서 발로 쾅쾅 찬다. 아이를 달래서 자리에 앉도록 했다. 현민이의 마음을 살펴보고자 이번에는 그림을 그리게 했다. 현민이는 하얀 도화지 위에 여러 가지 색을 칠한다. 화려하기도 하고 어지럽게 보이기도 한다. 마치 행성의 궤도를 수없이 그려놓은 듯했다.

"무엇을 그린 거야?"

"은하수요."

현민이는 말이 끝나자마자 까만색으로 덧칠한다. 보기 좋은 은하수 위가 까매진다. 다 칠하기를 기다린다. 잠시 후 까만 그림에서 무엇이 보이는지 물어보았다. 현민이는 자신을 괴롭히는 친구들이 깡패들한테 맞는 것이 보인다고 한다. 자신을 괴롭히는 친구라고 했다. 지금까지는 현민이가 친구들을 괴롭힌다는 말만 들었는데 말이다. 자신이 괴롭힘을 당한다고 생각하는 것이다. 그리고 현민이가 그 친구들이 정말로 당했으면 하는 것이 아닐까 하는 생각이 들었다. 다시 느낌이 어떤지 물어본다. 그러자 현민이는 그들이 조금은 불쌍하다고 말하며 구해주겠다고 한다. 착하고 여린 마음을 품고 있다. 하지만 어떤 이유에서인지 공격성을 띠게 된 것이다. 가슴이 찡하다. 현민이에게 오늘 솔직하게 자신의 감정을 이야기해준 것에 대해 고마움을 전했다. 이제 현민이의 닫힌 마음으로 한 걸음 다가선 느낌이다.

며칠 후 선생님에게서 문자가 와 있었다. 불안한 마음으로 확인해본 순간, 등줄기에서 식은땀이 난다. 현민이가 또 여학생에게 위협적인 행동을 했고, 그것을 제지하려던 친구가 살짝 다친 것이다.

"친구에게 샤프를 휘둘렀니?"

이 질문에 현민이는 또 화를 내며 다시 교탁 밑으로 들어간다. 그리고 지난번처럼 교탁을 쾅쾅 친다. 같은 상황이지만 나는 더 침착하고 아이를 이해할 준비가 되어 있다.

"현민이가 화났구나, 왜 화가 났을까?"

"피구 시간에 친구가 맞았는데, 선생님도 안 맞았다고 우기고, 그 아이도 맞지 않았다고 하잖아!"

현민이의 목소리가 격양되어 있다.

"선생님은 피구 규칙도 모르고 있어!"

이번에도 소리를 지른다.

"그런 상황이었구나. 규칙을 중요하게 생각하고 지키려고 노력하는 현민이인데 속상했겠구나."

현민이는 경쟁에서 승리하는 것이 중요한 아이였다.

"혹시 현민이가 잘못 보았다거나 규칙을 오해한 부분은 없는 걸까?"

"없어요. 선생님과 애들이 잘못한 거예요!"

고래고래 소리를 지르며 내 질문에 답한다.

"누구나 화가 난단다. 화가 나는 것은 나쁜 게 아니야. 나도 화가 날 때가 많아. 그렇지만 화가 난다고 모두가 그런 행동을 하지는 않아. 자신이 화가 난다고 다른 사람을 힘들게 하거나 두려워하게 하는 것은 옳지 않은 행동이야. 친구들이 네가 무서워서 옆에 아무도 안 오면 안 되잖아."

"……."

"우리 화가 날 때 어떻게 하면 좋을지 알아볼까?"

"싫어요!"

"아직은 이야기하고 싶지 않은 거야?"

대답은 하지 않고 다시 교탁 밑으로 들어가 버린다. 잠시 후 상담을 마치는 종이 울린다.

"점심 맛있게 먹어."

현민이는 아주 작은 목소리로 대답하고, 문을 '쾅' 닫고 나갔다.

아이가 화가 나 있을 때는 "참아라." 또는 "버릇없이 어디서 화를 내는 거야." 등의 말을 하면 화라는 감정에 오해가 생긴다. 화를 나쁜 감정, 표현하면 안 되는 감정으로 인식하게 되면서 화를 참게 된다. 화를 참다 보면 어느 시점에서는 상자 안에 담긴 풍선이 눌려서 터지는 것처럼 좋지 않은 방향으로 화가 폭발한다. 이 폭발이 반복되면 결과적으로 화를 스스로 가라앉히고 조절하기가 어려워진다.

우선 화는 나쁜 것이 아니고 누구나 느끼는 자연스러운 감정임을 알도록 해야 한다. 그다음에 화를 어떻게 내는 것이 좋은지 방법을 알려주는 것이 중요하다. 화가 난 아이에게 역시 화난 얼굴과 목소리로 다가서는 것은 좋지 않다. "현민아, 화났구나.", "화가 왜 났을까?" 등의 말로 아이가 화가 난 것을 어른이 알고 있다는 것을 알려준다. 그리고 화난 이유를 설명할 기회를 준다. 그런 후 해결책을 함께 의논하면 된다.

의논할 때는 아이가 먼저 의견을 제시할 기회를 주는 것이 좋으며, 아이가 제시하지 못할 때에는 몇 가지 대안을 제시하여 선택하도록 하는 것이 좋다.

그리고 화가 났을 때 스스로 화를 푸는 방법을 찾는 것도 필요하다. 늘 다른 사람이 자신의 화를 풀어줄 수는 없으니 말이다. 화를 누그러뜨리는 방법은 아주 다양하다. 예를 들면 조용한 곳에 혼자 있기, 노래를 부르기, 음악을 듣기, 산책하기 등의 자신만의 방법을 찾아야 한다. 그 과정도 아이들은 혼자 어느 날 알아낼 수는 없다. 아이들이 화가 나 있을 때 함께 화를 가라앉힐 방법을 찾아보고 대화를 통해 깨닫게 하는 것이 중요하다. 또 부모가 화가 났을 때 화를 다스리는 모습을 보면서도 아이들은 배운다.

외로움이 키운 분노

현민이는 화나거나 속상할 때 어떻게 표현해야 할지 아직 모르고 있었다. 그저 소리를 지르거나 행동으로 표현하는 정도가 다였다. 화가 났을 때 표현하는 방법을 배워야 한다. 그 방법을 가정에서 자연스럽게 습득할 수도 있지만, 그러지 못했을 때는 연습을 통해서 습득해야 한다. 현민이는 역할극을 하면서 조금씩 배워나갔다. 자신이 왜 화가 났는지 먼저 생각하게 하고, 그다음에 어떻게 해야 하는지도 함께 고민했다.

"이딴 거 하고 싶지 않아요."

"내가 왜 해야 해요?"

"몰라. 갈 거야."

현민이는 이렇게 말하면서 역할극을 하기 싫다는 의사를 표현한다. 그리고 계속 자기 방식대로 할 거라고 으름장을 놓기도 했다. 힘든 시간이 계속되고 있었다. 하지만 시간이 약이라고 했던가. 현민이는 나도, 자신도 모르게 조금씩 변화하고 있었다.

어느 날 학교 선생님에게서 또 문자가 왔다. '무슨 일일까?' 메시지를 볼 엄두가 나지 않았다. 지난번 메시지가 떠올랐다. 떨리는 마음으로 확인하고 난 후, 나는 내용을 읽고 또 읽었다. 가슴은 벅차오르고, 입술은 나도 모르게 미소를 짓고 있다는 것이 느껴졌다. 현민이가 국어 시간에 발표했는데, 반 학생들이 칭찬과 격려의 박수를 쳐서 훈훈하게 마무리되었다는 내용이었다. 정말 좋았다. 변화와 갈등이 번갈아 나타나면서 폭력의 강도가 줄어들고 있었다.

사실 현민이의 화는 어릴 때부터 쌓였다. 어머니의 사랑을 충분히 받지도 못했는데 동생이 태어난 것이다. 동생이 태어나면서 현민이는 오빠가 되었다. 오빠라고 해도 아직 어린데 다 큰 아이처럼 다뤄졌다. 현민이가 학교에 입학하기 직전에 어머니는 바깥일을 시작했다. 현민이에게 어머니의 손길이 아직 많이 필요했지만, 사정이 어쩔 수 없었다. 현민이는 어머니를 이해해야만 했고, 천방지축인 동생도 돌봐야 했다. 아버지는 너무 무서워서 아버지에게 투정을 부릴 수도 없었다.

현민이는 관심과 애정이 충분히 충족되지 않은 상태로 초등학교에 입학했다. 그러면서 다른 아이들과 잘 어울리지 못하고 눈에 띄는 행동을 하기 시작했다. 집에서는 별다른 말썽을 부리지 않지만 학교에서는 그러지 않았다. 이런 이중적인 모습 때문에 어머니는 현민이가 학교생활에 적응하지 못하는 것을 전혀 눈치채지 못했다.

현민이가 초등학교 저학년 때 막냇동생이 태어났다. 막냇동생은 태어나자마자 수술을 해야 했다. 현민이는 어머니를 다시 막냇동생에게 온전히 내어주어야 했다. 어머니에게 투정하기는커녕 얼굴을 보기도 힘들었다. 어머니가 막냇동생을 데리고 외할머니네로 갔기 때문이다. 현민이는 자신도 가고 싶다고 했지만, 갈 수 없는 상황이었다. 그래서 현민이는 외로이 집에 남아 어머니를 그리워했다. 어머니는 아픈 아이를 돌보느라 이런 현민이의 마음을 알아차리지 못했다. 마음의 여유가 없는 어머니는 선생님들이 큰일도 아닌데 연락해 온다고 생각하며 화를 많이 냈다. 현민이 아버지도 마찬가지였다.

아버지는 현민이가 잘못했다고 판단하면 체벌했다. 체벌한 이유는 혼이 나면 다시는 같은 행동을 안 하리라고 생각했기 때문이다. 어머니는 이런 아버지의 행동을 "애 아빠는 많이 때리지 않아요. 잘못했을 때만 한두 대 때려요. 다른 집과 비슷해요."라고 설명한다.

모든 아이는 다른 아이와 비슷하지 않다. 아이마다 성향과 특성, 환경이 다르다. 같은 '한 대'의 매라도 아이마다 엄청나게 다르게 느낀다. 특히 혼자 외로운 유아기를 보낸 현민이는 체벌을 받으면 자신이 잘못했기 때문이라고 생각하기보다 아무도 나를 이해해주지 않는다고 생각하며 서러워했을 것이다. 현민이가 "아버지는 무서워요."라고 했던 말은 진심이었다.

현민이의 감정, 학교생활 모습 등을 전해주자 여태껏 현민이를 잘 몰랐다며 눈물을 흘리는 어머니가 매우 안타까웠다.

"제가 일부러 현민이에게 관심을 안 둔 것이 아니에요."

"어머니도 많이 애쓰신 거 같아요."

"사실 무척 힘들어요. 하지만 버텨야 해요. 아이들 때문에……."

힘든 상황에서 꿋꿋이 버티려고 노력하고 있는 어머니는 울먹이느라 말을 잇지 못한다.

"현민이는 늘 혼자 외로웠던 거 같아요. 마음이 여린 현민이는 자신이 좋아하는 엄마가 힘들어하는 모습이 싫어서 많이 참았을 거예요. 하지만 자신도 엄마에게 관심받고 싶고, 어리광도 피우고 싶었을 거예요."

"그러네요. 현민이도 아직 어린아이인데, 제가 너무 다 큰 아이처럼 대했었나 봐요."

앞으로는 현민이를 자주 안아주고 현민이에게 고맙다는 표현도 자주 하기를 권유했다. 그리고 동생을 돌보는 일에도 칭찬과 감사를 표현하라고 말했다. 어머니가 고개를 숙이고 눈가를 훔친다. 작은 체구에 마른 모습이 안쓰러워 보인다.

"현민이는 변하려고 노력하는 중이에요. 너무 걱정하지 마세요."

어른은 아이의 현재 보이는 모습에만 관심을 두고 실망하고 비난한다. 상담을 통해 문제의 원인을 찾다 보면, 반드시 아이가 힘들다며 자신을 좀 봐달라고 매달렸던 때가 있다. 아무리 애를 써도 봐주지 않을 때, 아이는 관심을 받고자 비정상적인 방법을 선택하기도 한다. 한 예로 손가락을 빠는 행위가 있다. 아이는 손가락을 빨면서 스스로 자신을 지키는 거다. 이럴 때는 부모가 아이를 사랑하고 있다는 것을 아이가 진하게 느낄 수 있게 해주어야 한다. 부모와 아이가 같은 옷을 입는다거나 같은 음식을 함께 먹는 것도 좋다. 아이에게 동생이 있다면 특별히 더 신경을 써 주어야 한다. 부모에 대한 애착 불안을 해결하지 못하면 어른이 되어서도 대인 관계에서 어려움을 겪을 수 있기 때문이다.

현민이는 달라지려고 노력한다. 그러다가도 가끔 상담사인 나를 시험한다. 3층 상담실 창틀에 올라서서 "여기서 떨어지면 어떻게 될까요?"라고 말하며 나의 반응을 기다린다. 이것 또한 내가 자신에게 여전히 관심이 있는지 시험하는 것이다. 또는, 다리 하나를 창밖으로 내밀면서 내 표정을 살피기도 한다. 나는 계속해서 현민이가 다치는 게 마음 아프다는 말과 더불어 해서는 안 되는 행동이라고 단호하게 주의를 준다. 그러면 현민이는 살며시 내려와 자리에 앉는다. 정말 손발에 땀이 나고 심장이 마구 뛰는 순간이다. 잠깐 한눈을 팔면 위험한 상황이 일어날 수도 있다. 하지만 이런 행동에도 일관되게 관심과 주의를 기울이는 게 중요하다. 내가 너의 편이라는 믿음을 심어줌으로써, 점점 아이의 변화를 가져올 수 있다.

격려와 공감이 아이의 마음을 바꾼다

상담이 종결로 가면서 변화가 생기기 시작했다. 반 친구들도 현민이와 어울리기 시작했다. 체육 시간이면 어김없이 억지를 부리고 화를 내고 욕하곤 했는데, 요즘은 화를 내다가도 참고, 화나기 전의 모습으로 빠르게 돌아온다고 한다. 수업 시간에도 적극적으로 참여하려고 애를 쓴단다. 이러한 변화는 현민이 혼자 노력해서 이뤄진 게 아니다. 격려와 공감을 해준 어머니와 선생님이 없었다면 불가능했다.

보통 부모는 아이가 태어나면 열심히 관찰한다. 말을 못하는 아이를 이해하려는 것이다. 배가 고파서 우는 건지, 아니면 기저귀를 갈아달라고 하는 건지, 그것도 아니면 졸린 것인지 알 수 있도록 말이다. 그리고 원하는 것을 해주려고 애쓴다. 하지만 아이가 성장할수록 관찰은 점점 줄어든다. 이렇게 아이가 자랐다고 부모가 관찰을 그만두어서는 안 된다. 아이가 자라도 부모는 아이를 계속 주의 깊게 관찰해야 한다. 이때는 신체적 관찰만이 아니라 심리적 관찰도 중요하다. 왜 이런 행동을 하는지 그 마음을 이해하는 것이 필요하다.

현민이는 꽤 많이 변화하고 있지만, 반 아이들은 현민이가 화를 조금만 내도 다시 겁을 먹었다. 그래서 반 아이들 전체를 대상으로 집단상담을 했다. 꽤 어려운 작업이었지만 서로 이해할 수 있는 부분이 늘어나서 결과는 만족스러웠다. 그리고 점차 더 친해질 수 있으리라고 생각한다.

학교 적응에서 친구는 중요하다. 화를 조절할 수 있다면 친구와 좋은 관계를 유지하는 데도 많은 도움이 된다. 화와 같은 정서를 조절하게 하려면 교육이나 공부의 형식으로 아이에게 알려주기보다는 활동이나 동화책 읽기 등을 통해 정서 조절의 필요성을 아이가 스스로 이해하고 실제로 적용할 수 있도록 하는 것이 좋다.

현민이의 분노 조절 능력이 완전히 정상화한 것은 아니다. 불쑥불쑥 화를 내기도 하지만, 화나는 것을 알아차리면 심호흡하거나 자신이 화난 이유를 생각하는 등 잠깐 멈추려고 노력하고 있다. 그래서 나는 5년이나 10년 후 현민이의 여우같이 당당한 모습을 상상할 수 있게 되었다. 힘든 과정을 잘 이겨낸 현민이가 더 씩씩하고 멋지게 변할 모습을 상상하는 것만으로도 기분이 좋다.

이런 좋은 기분은 또 다른 아이를 만나는 원동력이 된다. 이 힘으로 나는 또 한 아이를 만나러 간다.

다투는 부모 때문에
음식을 거부하는 아이

흔히 두려움, 공포를 느끼면 힘이 든다. 아이들이 힘듦을 표현하는 대표적 표출 방식이 울음과 짜증이다. 그 감정을 겉으로 드러내는 것은 오히려 건강하다. 문제가 되는 것은 그 감정을 표현하지 않고, 마음속으로 삭이고 숨기는 것이다.

당장은 웃는 그 아이의 겉모습만 보면 아무렇지 않은 것처럼 보이므로 어른들은 안심하고 주의를 기울이지 않는다. 하지만 더 큰 문제는 이렇게 숨긴 감정이 곪고 곪아 한참 후 갑작스럽게 터져버린다는 것이다. 분노 폭발이 될 수도 있고, 더 큰 슬픔이 되어 우울에 잠길 수도 있고, 갑작스럽게 몸이 아플 수도 있다.

내가 만났던 민우는 섭식에 문제가 있었다. 부정 정서가 형성되면 그 부정 정서를 폭식으로 잊는 것처럼 보였다. 아이가 얼마나 힘들면 표현조차 하지 못하는 것일까? '내가 웃는 게 웃는 게 아니야.' 란 대중가요 가사는 그 아이를 나타내는 적절한 표현이었다. 민우는 주변에서 개그맨이 되라고 권할 정도로 늘 밝고 잘 웃고 다른 사람을 즐겁게 해주었다. 민우를 처음 만났을 때는 '이렇게 밝은 친구가 왜?'라는 질문을 나 스스로 던졌었다.

가족 관계에서 힘듦을 느낄 때 아이들은 그 문제를 이야기하고 싶어 하지 않고, 누가 알기를 원하지도 않는다. 또 자신조차 생각하지 않으려 하기도 한다. 가족 이야기 자체가 힘들기 때문이다. 하지만 이런 가족 속에도 다시 힘을 얻을 수 있는 원천이 있다는 것을 알아야 한다. 어려움을 같이하기에 가족이고, 그 가족 안에서 희망을 찾을 수 있다.

밝은 미소로 슬픔을 숨기는 아이

"하하하."
"괜찮아요. 할 수 있어요."
"전 개그맨도 되고 싶고, 판사도 되고 싶어요."
"우리 가족은 행복해요."

민우는 항상 이렇게 말하며 밝게 웃는 아이였다. 그러나 그 아이의 진심은 밝은 표정 뒤에 숨어 있다는 것을 알게 되었다.

하늘은 가을답게 높푸르지만, 아직 더위가 남아 있는 날이다.

나는 상담실 밖에서 두리번거린다. 저 복도 끝에서 아이가 뛰어오고 있다.

"여기 앉으면 되나요?"

내가 있는 곳까지 뛰어온 민우는 땀을 흘리면서 너무 덥다며 손으로 부채질을 한참 한다. 뚱뚱하고 덩치가 큰 아이, 하얀 피부에 곱슬머리가 인상적이다. 민우는 미소를 짓고 있긴 하지만, 어색한 듯 수줍은 모습으로 어찌해야 할지 몰라 혼잣말을 주절거리며 분위기를 살핀다.

"근데 오늘 뭐 하는 거예요? 제가 좀 뚱뚱하죠? 친구들도 돼지라고 자주 놀려요."

묻지도 않은 말을 계속한다.

"무척 속상했겠구나."

"괜찮아요. 하도 많이 들어서 뭐. 하하하."

"웃는 모습이 아주 보기 좋은데?"

"오늘 아빠가 오시는 날인데 함께 야구 보러 가기로 했어요."

칭찬이 어색한 듯 대화의 주제를 바꿔서 이야기를 계속한다. 평소 아버지와 야구 경기를 자주 보러 간다고 한다. 즐거워하는 민우를 보면서 나는 '아빠가 오시는 날'이라는 표현이 머릿속에 남는다.

'아버지와 함께 살고 있지 않구나.'

첫 만남에서 민우의 아픔은 느낄 수 없고, 들여다볼 수도 없다. 너무 슬프고 힘든 일이 생기면, 그 고통의 최고점에서는 아무런 힘듦을 느끼지 못할 때가 있다. 그리고 그 일들을 잊고 싶어 마음속 깊이 자신도 모르게 꼭꼭 숨겨놓는다. 혹시 이 아이도 그런 말 못 할 사정이 있는 건 아닐까.

"우리 게임 하나 할까?"

"게임이요? 저 게임 잘하는데."

"선생님이 상담실 구석구석에 보물을 숨겨놓았어. 그것을 민우가 찾는 거야."

민우는 씩 웃으며 숨겨진 보물을 찾아 나선다. 이곳저곳을 살피며, 숨겨진 보물 종잇조각을 찾아낸다.

"잘 찾는구나. 그것도 빠르게 말이야."

"제가 눈치가 좀 빠른 편이거든요. 하하하."

그리 웃을 만한 상황이 아닌데도 민우는 말끝에 웃음을 덧붙인다. 그 웃음이 왜 슬프게 느껴지는지 지금은 잘 모르겠다.

민우가 찾은 보물의 정답은 '민우야, 만나서 반갑다! 친하게 지내자, 잘 부탁해!'라는 내용이었다. 보물은 한 글자씩 쓰인 종이다. 다 찾은 민우는 글을 조합하는 데 어려움이 없다. 단순하게 보이는 게임이지만, 아이들의 특성을 관찰할 수 있는 좋은 게임이다. 긴장해서 서투르게 행동하는 아이도 있고, 한 번에 모두 맞추려고 종이를 놓고 속으로 조합한 후 맞추는 아이도 있고, 손으로 종이를 움직이면서 맞추는 아이도 있다. 하지만 인지적 문제가 있는 아이는 조합에 어려움을 겪기도 한다.

이렇게 아이를 세밀하게 관찰하는 것은 상담뿐만 아니라 가정이나 학교에서도 필요하다. 가정에서 게임이나 놀이를 하다가 어려워하는 부분을 발견하면, 그 유형을 관찰할 필요가 있다. 그것을 통해서 아이의 신체적, 인지적, 심리·정서적으로 발달이 잘 안 된 부분을 알아차릴 수 있다. 문제를 빠르게 알아채는 일은 아이가 정상적으로 발달할 수 있도록 돕는 데 가장 중요하다. 예전에 만났던 한 아이는 이 게임을 하면서 단순한 조합을 맞추는 데 시간이 오래 걸렸다. 결국에는 내가 힌트를 주고 나서야 제대로 맞출 수 있었다. 이런 모습을 보고 지능검사를 했는데 그 결과는 좋지 않았다. 이런 사실을 잘 알지 못하는 부모는 단순히 아이가 느리다고 생각했었다. 만약 어린 시절에 이 사실을 알 수 있었다면 교육의 방향과 내용이 달라졌을 것이고, 현재의 모습도 달라질 수 있었을 것이다.

아이의 갑작스러운 행동 변화에는 이유가 있다

오늘도 어김없이 복도에서 쿵쿵거리는 소리가 저 멀리서 들려온다. 틀림없는 민우의 소리다. 민우는 상담실로 올 때마다 땀을 흘리면서 뛰어 들어온다.

"선생님, 안녕하셨어요?"

숨을 헐떡이며 인사를 하는 민우가 마냥 귀엽다.

"민우야, 잘 지냈어? 지난주 아빠와 야구는 잘 보고 왔니?"

"아니요, 아빠가 갑자기 일이 생겨서 못 오시게 되었어요. 그래서 취소됐어요."

"아이고! 못 갔구나. 서운했겠네."

"그런데 뭐 괜찮아요."

민우는 아버지 이야기를 하다 말고, 창문 앞으로 다가섰다. 말은 괜찮다고 하지만 표정은 그렇지 않았다.

"선생님, 오늘은 운동회를 연습하는 날이에요."

한참을 창문에 서서 운동회 연습을 하는 친구들을 바라본다. 아이의 뒷모습이 외로워 보이는 이유가 뭘까? 나도 민우를 물끄러미 바라보게 된다. 민우는 상담하다가 갑자기 일어나서 돌아다니기도 하고, 한참을 멍하니 딴생각에 잠기기도 한다. 그러다가 나를 바라보며 특유의 몸짓을 하며 유머러스하게 대처하는 하는 민우의 모습을 보면 학교생활에 부적응하는 그림이 선뜻 그려지지 않는다. 민우는 자신이 친구들에게 인기도 많고, 개그맨 '김준현'을 닮았다는 이야기도 자주 듣는다고 했다. 그래서인지 자신의 꿈은 '김준현 같은 개그맨', '사람들을 웃겨서 행복하게 해주는 개그맨'이 되는 것이라고 한다. 그러다 어느 때는 판사가 되고 싶다고도 했다.

사실 민우가 상담을 받게 된 이유는 여러 가지였다. 먼저 수업 시간에 떠들고 집중하지 못해서 수업에 방해가 되었다. 연산이 너무 느려서 계산을 잘 못하고, 과제도 하지 않고, 친구들을 귀찮게 해서 문제가 발생하기도 했다. 그리고 갑자기 음식을 너무 많이 먹어서 뚱뚱해진 것도 이유 중의 하나였다. 다른 이유는 남자아이 중 조금 산만한 아이에게도 나타날 수 있는 것이다. 그래서 좀 더 시간을 두고 아이를 살펴볼 필요가 있다. 과도하게 아이를 걱정하거나 섣불리 아이의 병명을 짓는 것은 옳지 않다. 하지만 아이가 갑자기 음식을 폭식할 때는 좀 더 세심하게 아이를 관찰해야 한다. 성장기라서 음식을 많이 먹는 것인지, 아니면 먹는 양이 또래보다 확연히 많거나 음식 섭취량을 스스로 조절하지 못하는 것인지를 구분해야 한다.

원래 민우는 3학년 때까지는 공부도 잘하고, 친구들에게 인기도 많고, 외모도 보통 키에 마른 체격이었다고 한다. 그런데 4학년에 올라가면서 갑자기 10킬로그램 이상 살이 찌기 시작하고, 학습 태도도 변했다. 아이의 갑작스러운 행동 변화에는 이유가 있게 마련이다. 그 이유를 찾아 도움을 주어야 한다.

부모의 정서는 자녀에게 전이된다

민우 어머니와 통화했다.

"어머니, 안녕하세요. 민우가 밝은 모습으로 상담을 잘하고 있어요."

"잘 봐주셔서 감사합니다. 그런데 앞으로 전화는 저에게 하지 마시고, 아버지에게 해주시면 감사하겠습니다."

어머니의 예상치 못한 냉랭한 반응이 무척 당황스럽다. 나는 얼떨결에 "알겠습니다." 하고 전화를 끊었다. 끊자마자 왜 아무것도 물어보지 못했는지 후회했다. 나의 전화가 어머니에게는 어떤 의미인지도 몰랐다. 이런저런 후회를 하다 갑자기 민우의 모습이 스친다. 부모는 서로 떨어져 살고 있다. 그리고 민우가 함께 사는 어머니는 차갑고 싸늘한 모습이다. 두 분 사이에서 혼자 매우 힘들고 외로웠을 민우를 생각하니 마음이 무거워진다.

'민우가 호탕한 웃음으로 외로움과 슬픔을 감췄구나.'

그 뒤 민우의 상담 내용이나 상황은 민우 아버지에게 전달했다. 아버지는 어머니와 달리 나의 전화에 미안해하는 마음과 민우에게 다정한 모습이 느껴졌다. 전화로 통화하면서 아버지가 민우와 어떻게 대화해야 할지 고민하고 있다는 것을 알게 되었다. 사실 자녀와의 대화가 어려운 것은 아니다. 자녀와 관계가 좋지 않은 상황에서 대화하기가 어려운 것이다. 아버지에게 간단한 방법을 알려주니 계속 노력하고 있다고 했다. 민우에게는 참으로 다행한 일이다. 그리고 아버지도 대단한 분이라는 생각이 들었다.

어느 날 민우 아버지가 상담실로 찾아왔다. 아버지는 페인트가 여기저기 묻어 있고 구멍이 난 작업복을 그대로 입고 왔는데, 아마도 일하다가 그대로 온 것처럼 보였다. 누가 봐도 힘들게 일하는 모습이다. 회사 일이 바빠서 점심도 거르고 중간에 나왔다고 한다. 자식을 위해 식사도 거르고 온 것을 보면 자식 걱정이 곳곳에 묻어 있는 듯하다. 민우가 어머니보다 아버지를 더 잘 따르고 함께하는 이유가 여기에 있어 보인다.

아버지는 민우와 민우 누나의 이야기를 힘들게 꺼낸다.

"매번 전화해주셨는데 이렇게 늦게 와서 죄송합니다. 먹고살기 어렵다 보니, 자식을 못 챙겨서 이런 일이 생기나 봅니다. 민우 엄마와는 2년 전에 이혼한 후 연락을 안 하고 지냈습니다."

아버지는 어렵게 이혼 이야기를 꺼내며, 이혼 이후 아이들에게 나타난 문제를 쏟아낸다. 중간중간 눈물이 고여서인지 목멘 목소리다. 아버지의 눈물은 어머니의 눈물과 다르게 느껴졌다. 더 슬프고 안타까웠다.

"운동하는 큰아이를 신경 쓰다 보니, 민우와 민우 누나의 일은 늘 뒷전이었어요. 사실 신경을 쓰지 못한 거죠. 그래서 두 아이 모두 불만이 늘 많았어요. 지금 생각해보면 미안한 마음이 들어요. 하지만 그때는 어쩔 수 없었어요."

아이들은 관심에서 밀려나서 관심을 받고자 할 때, 또는 부정 정서를 느낄 수 있는 상황에서 스트레스가 쌓이면 문제 행동을 보인다. 그 양상은 다양하게 나타나는데, 주로 분노, 우울 같은 것이다. 하지만 민우와 민우 누나는 먹는 것으로 나타났다.

"어느 날부터 민우는 화가 나면 친구들을 때리고, 먹는 것으로 스트레스를 해소하는 것 같아요."

지금까지 봐왔던 민우의 모습과는 다른 모습이 있다는 것에 새삼 놀랐고, 민우가 그렇게 갑자기 살이 찐 이유가 있다는 것을 알게 되었다. 정신분석에서는 부모에 대한 무의식적인 공격성의 표출과 폭식은 관계가 있다고 본다. 어쩌면 민우도 부모에 대한 미움이 컸을지도 모르겠다.

부모의 정서는 자녀에게 자연스럽게 전이된다. 부모의 대화 내용, 목소리 톤, 분위기는 고스란히 성장기 자녀에게 영향을 미친다. 부모가 싸울 때 아이들은 숨죽이고, 움츠리고, 우울과 불안을 느낀다.

"민우도 걱정되지만, 사실 민우 누나가 더 심해요."

부모의 이혼 이후 민우 누나는 갑자기 음식을 거부하여 한동안 음식을 먹지 않고, 조금 먹더라도 화장실에 가서 다 토한다고 했다. 문득 민우가 한 말이 떠올랐다. 민우는 "우리 누니는 비쩍 말라서 뼈만 남아 있어요. 지난번에 아버지를 만나 삼겹살을 먹었는데, 그날도 다 먹고 나서 화장실에 가서 토하고 왔어요."라고 했었다. 민우도 민우 누나도 스스로 견뎌내고 극복하기 어려운 심리적 상황에 놓인 것이다.

상담으로 만난 민우와 아버지가 말하는 민우는 다른 아이 같았다. 예전에 만났던 은선이도 그랬다. 초등학생 은선이도 식탐이 많고 뚱뚱한 아이였다. 초등학교 3학년 때 학교에서 돌아온 은선이는 어머니가 자살했다는 사실을 알게 되었고, 그 후 조부모와 함께 살아야 했다. 곁에서 돌봐주어야 했던 아버지는 지방에서 일하느라 그러지 못했다. 하지만 그 아이도 이해할 수 없을 만큼 밝은 모습이었다.

민우가 2학년 때 부모는 경제적인 문제로 자주 싸웠고, 결국 이혼 이야기가 나오기 시작했다. 그 뒤 1년간 별거했는데, 이때부터 민우와 누나는 부모님 눈치를 보기 시작했다.

'정말로 부모님은 이혼할까?'

'그러면 나는 어떻게 하지?'

아이들은 많이 불안했을 것이다. 결국 부모는 이혼하고, 아이들의 양육권은 어머니가 가지게 되었다. 하지만 어머니는 아이들을 제대로 돌보지 못했다고 한다. 아마 어머니의 심리적 상황이 좋은 편은 아니었을 것이다.

아버지는 일주일에 한 번 찜질방에서 민우와 누나를 만나 하룻밤을 같이 보낸다. 어머니는 그 자리에 함께하지 않는다. 그날은 세 식구의 가족 모임이 되었고, 민우가 좋아하는 삼겹살을 먹는 날이다.

이제야 민우를 이해할 수 있게 되었다. 민우는 자신이 처한 상황을 인정하고 싶지 않아 밝은 미소를 지어왔다. 자신의 자존감을 지키고자 조금은 과장된 표현과 행동을 하고, 자신의 꿈과는 전혀 다른 상황과 맞닥뜨리면서 현실에서 도피하고, 스트레스가 심해지자 먹는 것으로 풀려 했던 것으로 생각되었다.

통상 사람들은 현실적으로 어려움을 겪을 때 그 문제를 해결하려고 노력한다. 단지 사람에 따라서 대응 방식이 다르다. 문제에 적극적으로 개입하여 어떻게든 마무리 지으려는 사람이 있는 반면, 그 상황이 너무 힘들어서 오히려 아무 일 없는 듯이 문제를 회피하는 것으로 처리하려는 사람도 있다. 후자의 경우는 때로 허구의 인물과 사건을 만들어 동경하기도 한다. 민우가 개그맨이나 판사가 되고 싶은 이유가 여기에 있었다.

부모의 사랑을 받으며 자신의 집은 행복하다고 믿었던 아이들은 어느 날 깊은 수렁에 빠졌다. 하지만 아이들은 여전히 행복해 보였다. 아이들은 자신이 처한 상황을 내보이고 싶지 않았다.

'민우야, 얼마나 힘들었니. 다른 아이들처럼 엄마 아빠에게 싫다고, 이혼하지 말라고, 소리치고 울부짖고 그렇게 하지 그랬니. 그때 너는 겨우 아홉 살이었잖아.'

자신이 힘들고 우울할 때는 다른 사람을 살필 여유가 없다. 부모도 사람이니 마찬가지다. 하지만 부모는 한 걸음 더 나아가 생각해야 한다. 자신들의 언행이 아이들에게 끼칠 영향을 심각하게 고려해야 한다. 아이들이 버려질 거라는 불안감에서 벗어나 안심하고 생활할 수 있도록 배려하고 또 배려해야 한다. 때로는 지금 상황을 단순하게나마 설명만 해주어도 아이들은 안심할 수 있다.

아이의 불안한 마음은 행동으로 나타난다

어린아이들은 관심에서 밀려나면 불안한 마음을 행동으로 나타낸다. 민우는 음식을 많이 먹는 것으로, 민우 누나는 음식을 거부하는 것으로 나타냈다. 민우 아버지는 이를 단순하게 생각하여 아이들에게 한동안 내과에 가서 소화기 관련 치료를 받게 했다. 한참 후에 전문적인 정신과 치료가 필요하다는 것을 알았지만, 아버지의 형편으로는 비싼 치료비를 감당하기 어려워 아이들이 병원에 가지 못하고 있다.

두 아이는 모두 식이 장애를 앓고 있다. 보통 식이 장애라면 외모 때문에 많이 생긴다고들 생각한다. 모델의 사례가 많이 소개되기 때문인 것 같다. 하지만 식이 장애는 심리적 원인이 늘 함께한다. 세계적인 배우 앤젤리나 졸리도 식이 장애를 앓고 있다. 어릴 적 왕따를 당해 불안한 청소년기를 보냈는데, 이것이 음식을 거부하는 이상 행동이 나타나는 것으로 이어졌다. 최근에는 더욱 심해져서 목숨이 위태로울 정도로 저체중 상태에 놓였다고 한다.

식이 장애는 크게 두 가지로 구분한다. 거식증과 폭식증이다. 거식증은 현실을 인정할 수 없고 받아들이지 못하면서 음식까지 받아들이지 못하는 것이다. 폭식증은 심리적 허기, 현실의 불안, 스트레스에서 시작된다. 식이 장애를 앓는 사람은 완벽주의자처럼 보이지만, 내면을 들여다보면 자신감이 부족하고 우울증에 빠진 경우가 많다.

부모가 갈등하고 이혼하면서, 이 두 아이는 불안을 온몸으로 느끼면서 식이 장애를 겪고 있다. 두 아이가 자존감을 회복하여 자신이 얼마나 소중하고 존엄한지를 알게 되고, 가족 관계에서 갈등이 해소된다면 폭식·거식 증상도 사라질 수 있을 것이다.

아버지에게 아이들이 병원에서 무료로 종합심리검사를 받게 하도록 조심스럽게 권유한다. 아버지는 동의했다. 단지 민우가 거부감을 드러낸다.

"전 불안하지 않아요."

"저는 집중력이 나쁘지 않아요. 선생님이 주는 문제 잘 풀면 병원 안 가도 되죠?"

"저는 문제가 없어요."

민우의 문제를 해결하고자 권유한 검사지만, 결정적으로 민우가 거부한다면 억지로 해서는 안 된다. 아마 민우는 검사라는 말을 듣고 자신이 공부를 못해서, 자신에게 문제가 있어서 하는 것으로 생각한 것 같다. 내가 그렇지 않다고 설명해도 민우가 받아들이기까지는 많은 시간이 필요할 것 같다. 나는 마음속으로 빌어본다.

'민우야, 이 일로 상처를 받지 마라, 제발.'

가족에게 받은 상처는 가족을 통해 치유해야 한다

어렵게 민우를 설득해서 종합심리검사를 받기로 했다. 그 후 병원 진단과 치료가 진행되는 동안, 상담 시간에는 감정 나누기와 주의력 향상 활동에 집중한다. 민우에게 지금 자신의 감정을 단어로 표현하게 한다. 하지만 자신의 감정을 숨기고 있던 민우에게는 쉽지 않은 일이다. 그래서 상담사인 내가 먼저 감정을 드러내고 설명한다.

인간은 가족이란 울타리 안에서 태어나서 많은 것을 배운다. 그렇게 배우는 것 중에 감정 표현도 있다. 부모가 말이 없고 표현을 잘하지 못하면 아이들은 말을 좀 늦게 배운다. 반면 감정 표현이 풍부한 부모 밑에서 자란 아이는 부모와 마찬가지로 감정 표현이 풍부하다.

나도 결혼하고 아이를 낳았을 때는 말이 별로 없어서 아이와 의사소통을 자주 하지 않았다. 그래서 내 주변 어르신들은 세 살까지 말을 잘 못 하는 내 아이를 많이 걱정하셨다. 물론 시간이 지나고 내 아이가 다른 또래와 어울리게 되면서 문제는 사라졌다. 하지만 이렇게 부모와 의사소통이 부족한 시간이 너무 오래 지속되고 아이가 다른 사람과 관계를 맺을 기회가 없었다면, 상황은 달라졌을 것이다.

민우에게 내가 시범을 보인 것을 따라 하도록 했다. 그러자 민우가 조금씩 조심스럽게 감정을 표현하기 시작한다. 그중 하나가 속상하다는 말이었다. 이전에 공부를 잘했던 민우는 지금 자신의 수학 점수가 20점인 것이 속상하다고 했다. 그리고 서서히 공부 이야기를 시작했다. 먼저 공부에 영향을 미치는 요인 중 환경을 점검했다. 우선 가족과 학교 선생님의 지지를 좀 더 받을 수 있도록 했다. 그리고 집중이 잘 안 되게 방해하는 요인을 탐색했다. 수업 시간에 선생님의 설명을 잘 듣고 칠판이나 교과서를 잘 보는 것이 우선이었다. 그래서 주의·집중 다스리기 활동을 계획하고 함께 실천했다.

오늘도 복도에서 쿵쿵쿵 하며 뛰어오는 민우의 발소리가 들린다. 그런데 오늘은 그 소리가 여느 때와 좀 다르다. 예전보다 더 빠르고 급하게 느껴진다. 왠지 내 가슴도 쿵쿵거린다.

"선생님, 수학 90점 맞았어요! 기분이 날아갈 것 같아요! 꿈이 아닌가 하는 생각도 들었어요!"

민우는 상담실에 들어오자마자 큰 소리로 말한다. 민우는 들떠 있었다. 해냈다는 성취감에 행복해했다. 학교 선생님은 이번에 시험을 본 단원이 대체로 쉽게 출제되어서 성적이 높았다고 하면서도, 민우가 최선을 다해 공부에 집중하는 모습을 보였다고 전해준다. 민우의 마음속을 들여다보니, 그동안에 시험을 잘 못 보는 자신이 그렇게 싫었던 모양이다.

"우아, 정말 선생님도 꿈만 같다! 민우야, 너무 자랑스럽다! 선생님은 네가 그렇게 잘할 줄 알았어. 네가 열심히 노력하더니, 정말 잘했다."

나도 너무 기뻐 나의 격한 감정을 쏟아낸다. 그리고 충분히 따뜻한 말로 민우에게 칭찬을 전한다. '이 아이가 진정 바라고 원한 것이 이런 것이었구나.' 하는 생각이 든다.

"잘 듣고, 잘 보고, 잘 기억하는 연습을 했더니 집중력이 좋아진 것 같아요."

자신을 긍정적으로 인식하게 된 것이다.

'민우야, 정말 잘했다. 고맙다.'

눈물을 흘리며 마음 아파했던 민우 아버지는 아이들의 식이 장애를 인정하고 적극적으로 치료하고자 노력했다. 아이들과 만날 때도 특별히 노력했다. 아버지의 힘겨운 노력이 헛되지 않았음을 민우를 통해서 조금씩 느낄 수 있었다.

19세기 초 어린이 판타지 문학 작가 조지 맥도널드 George Macdonald 가 이렇게 말했다.

"이 세상에 우리가 태어나 경험하는 가장 멋진 일은 가족의 사랑을 배우는 것이다."

하지만 요즘은 가족 내에서 오히려 더 힘들어하는 경우가 많다. '가족'이라는 말과 함께 떠오르는 단어는 어떤 것이 있을까? 따뜻함이나 애틋함 등 긍정적인 것도 많지만, 상처나 슬픔, 폭력, 비난과 같은 부정적인 단어도 있다. 모든 사물에 양면성이 있는 것처럼, 가족도 그렇다.

가족에게 받은 상처는 가족을 통해 치유해야 한다. 하지만 현실적으로 어렵다. 민우 가족이 그랬던 것 같다. 하지만 이제는 서로 치유해주려고 노력한다. 가족이 경험한 상처가 더는 곪지 않게 서로 약을 발라주고, 위로해줄 수 있을 때 이 아이들은 다시 예전의 건강한 모습으로 돌아갈 수 있을 것이다.

그동안 상담사로서 만난 아이들은 아직 말랑말랑한 새하얀 점토와 같았다. 어떻게 힘을 주느냐에 따라 모양이 바뀌고, 어떤 색깔을 입히느냐에 따라서 색깔이 변한다. 민우는 늘 밝게 웃는 아이다. 앞으로는 이 아이가 마음속 깊은 곳에서 우러나는 진정한 웃음을 웃길 바란다.

얼마 전 민우 아버지가 감사하다며 연락해왔다. 민우는 아버지와 살게 되면서 밝은 모습으로 공부도 열심히 하고, 친구들과도 잘 지낸다고 한다. 물론 폭식증도 사라졌다. 나는 이런 소식으로 행복과 보람을 느끼며 아이들에게도 고마움을 느낀다.

부모의 이혼과 가정불화 때문에 아이들이 불안을 겪을 수 있다. 아이들은 부모의 이혼이 자신의 잘못으로 발생한 것으로 생각하는 경우가 많다. 자신이 공부를 못해서, 자신이 부모의 말을 안 들어서, 자신이 나쁜 아이라서 부모가 이혼한다고 생각하는 것이다.

따라서 아이에게 부모의 이혼이나 별거, 싸움의 원인이 자신이 아니라는 것을 알게 해주어야 한다. 부모 사이의 문제는 어디까지나 어른의 문제다. 절대로 이 때문에 아이들이 자기 탓을 하면서 기가 죽게 해서는 안 된다. 이혼하는 부모는 아이가 현재 상황을 이해하여 받아들이고 적응할 수 있도록 도와주어야 한다.

아이들의 불안은 걱정과 근심에서 시작된다. 아이들에게 이런 불안이 자신만 느끼는 특별한 감정이 아니라 다른 친구들에게도 자신과 비슷한 상황에서는 흔히 일어나는 감정임을 알게 하는 것도 아이들의 불안을 줄이는 방법이다.

식이 장애에서 폭식 장애는 단순히 음식을 많이 먹는 것이 아니다. 《정신 질환의 진단 및 통계 편람 제5판(DSM-5)》의 기준으로 보면, 폭식 장애는 반복적으로 폭식 행동이 나타나야 하며, 일정한 시간에 대부분 사람이 유사한 상황에서 동일 시간 동안 먹는 것보다 훨씬 더 많이 음식을 먹어야 한다. 이런 폭식은 대부분 마음의 허전함을 채우거나 부정 정서의 스트레스가 많을 때 위로를 받으려는 행동이다. 가족이나 주변 지인들은 장애를 겪는 사람이 간절히 원하는 것이 무엇인지 그 마음을 이해해야 하며, 또 문제를 일으키는 부정 정서는 무엇인지 함께 찾으려고 노력해야 한다.

폭식과 구토는 아이들이 자신의 아픔을 표현하는 방법이다. 아픔을 치유하려는 방법으로 함께 운동하거나 다양한 인간관계를 맺거나 취미 활동을 하면서 즐거움을 느끼는 것이 중요하다. 하지만 이렇게 주변 사람들과 함께하는 활동보다 전문적인 진료를 받는 것이 우선이다.

이렇게 민우의 변화에 고마워하고 있을 무렵 진동으로 해둔 휴대전화가 요란하게 부르르 한다.

"여보세요. 아, 안녕하세요."

"상담할 수 있나요?"

"네."

난 기쁜 마음으로 새로 만나게 될 아이의 상황을 전해 듣는다.

엄마 때문에
세상에서 공부가 제일 무서운 아이

가끔 갓난아이를 보다 보면 신기하게 느껴질 때가 있다. 아이가 꼭 누군가와 이야기하는 것처럼 보여서다. 어딘가를 바라보며 옹알거린다. 마치 이 세계가 아니라 다른 세계에 있는 누군가와 소통하는 것 같다. 누군가는 아이를 지키려고 있는 수호천사와 이야기하는 모습이라고 한다. 아이가 커가면서 그런 모습은 점점 사라진다. 현실에 있는 사람과 관계를 맺고 이야기를 나눈다. 아이와 가장 먼저 관계를 맺고 이야기하는 사람은 바로 부모다. 부모와 함께 시간을 보내면서 아이들은 삶에서 필요한 지식을 습득하고 모방한다. 말을 배우고 다양한 개념을 배운다.

　아이는 처음에는 무엇이든지 자기중심적으로 생각한다. 그 후 점차 자기중심적이던 사고가 타인을 향한 관심으로 전환된다. 사춘기에 접어들면서 현실적인 것뿐만 아니라 비현실적인 것도 추론할 수 있게 된다. 따라서 진로나 자신의 미래를 생각할 수 있게 된다. 이처럼 아이들은 발달 단계에 따라 성장한다. 사춘기는 중학생에 해당하는 연령으로 발달 단계로 볼 때 현실과 비현실에 대한 추론이 모두 가능해지는 시기다. 피아제Jean Piaget는 아이들이 이러한 과정을 거쳐 인지가 발달한다고 한다.

중학생이지만 자신만의 세계가 존재하는 것처럼 보이는 여자아이가 있다. 현실적이지 못하다는 이야기다. 아이는 그림을 그릴 때도 또래의 다른 아이들과는 달랐다. 그 다름을 창의력이나 상상력으로 설명할 수는 없었다. 아이는 자신만의 세계에서 머무를 때 편안함을 느끼는 것 같았다. 그 세계에서 벗어나 평범해지면 자신이 위험해질 것 같아 거기에 머무는 듯 보인다. 꿈속인지 현실의 이야기인지 구별이 안 되는 이야기를 실제 일어난 일처럼 말하는 아이, 정희는 중학생이다.

자신만의 세계에 푹 빠진 아이

검은 피부에 작은 키. 그런데도 구부정한 모습이다. 앉아 있는 모습도 너무 작아 초등학교 저학년으로 보인다. 정희는 나를 똑바로 바라보지 못하고 고개를 조금 숙인 채 자신 앞에 있는 연필만 보고 있다.

"정희야, 안녕? 오늘부터 함께 이야기를 나눌 상담 선생님이야.

우리 잘 지내보자."

"네."

쉰 듯한 목소리의 대답이 답답하게 느껴졌다.

"선생님과 한 학기 동안 공부 방법을 배울 거야. 방법을 배우고 나면 공부하는 것에 부담이 줄어들 거야. 그러다 보면 성적도 올라갈 수 있단다."

나는 정희가 이 상담을 하고 싶어 하며, 공부 방법을 배우면 잘할 수 있는 아이라고 전해 들었다. 그래서 상담에 대해 소개하면서 공부 방법과 성적 이야기를 했다.

"저 성적 안 올려도 되는데요."

내 예상과 다른 반응에 머리가 복잡해졌다. 상담 전에 들은 아이에 대한 정보와 실제 만난 아이가 다른 경우는 흔하다. 하지만 보통 자발적으로 상담하러 오는 아이들의 정보는 비교적 맞는 편이기에, 예상치 못한 정희의 반응에 당황할 수밖에 없었다.

"그리고 올리고 싶지도 않아요."

"성적을 올리고 싶지 않아?"

"올리면 더 안 좋아져요."

"왜 그런지 말해줄 수 있어?"

무슨 의미인지 궁금해서 정희에게 이유를 물어보았지만, 정희는 대답은 하지 않은 채 갑자기 뜬금없는 이야기를 한다.

"저는 어렸을 때 무릎 수술을 했었어요. 그때 실눈을 뜨고 수술

장면을 봤는데요, 내 무릎이 강철 무릎이었어요."

학교 선생님도 미리 알려주었다. 정희가 아주 어렸을 때 무릎 수술을 해서 달리는 운동은 조심해야 한다고.

"그걸 어떻게 알았어? 수술할 때는 마취를 해서 통증도 못 느끼고 잠을 자고 있었을 텐데."

"수술하다가 깨어났어요. 그래서 봤어요."

"어렸을 때가 기억나니?"

"그럼요. 한 살 때도 기억나요."

꿈꾼 것을 이야기하는 것인지, 지어낸 이야기를 말하는 것인지, 어디까지가 진실인지 어디부터가 거짓인지 알 수 없다. 한 살 때도 기억이 난다는 것도 이해가 안 되었다. 혹시 나를 놀리려고 거짓말하는 것은 아닌지 의심이 들어 순간 기분이 좋지는 않았다. 하지만 정희의 표정이나 말속에서 장난기 어린 모습은 찾을 수 없었다. 정말 정희는 자신만의 세계가 있는 것일까? 첫 만남인데도 많은 이야기를 했다. 하지만 중학생 수준의 대화는 아니었다. 앞으로 정희의 이야기를 많이 들어주어야 할 것 같다는 생각이 들었다. 첫날의 상담은 정신없이 끝났다.

부모의 꾸중이 두려워 공부하기 싫은 아이

상담실에는 만화책과 다른 책이 조금 있다. 정희는 일찍 와서 만화

책을 본다. 첫날의 일 때문에 나는 만화책을 보는 정희를 유심히 관찰해본다. 하지만 특별한 책을 읽는 것도 아니고, 특이한 행동을 하는 것도 아니었다.

상담이 시작되면서 자신과 가족을 색깔과 연결하는 작업을 했다.

"정희는 자신이 무슨 색인 거 같아?"

"파란색이요."

"이유는 뭘까?"

"그냥요"

"그러면, 엄마는?"

정희가 가만히 여러 가지 색의 색연필을 바라보다 불쑥 말을 꺼낸다.

"엄마는 짜증이 나요. 자로 자주 때려서요."

'이 말은 사실일까?'

"언제 때리시는데?"

"공부를 못하면요. 그리고 지우개를 사용할 때도요. 아빠가 때리면 무지 아파요. 그래도 아빠가 때리면 짜증은 안 나요."

몇 마디 안 되는 말을 들었지만 여러 가지 생각이 한꺼번에 든다.

'가정 폭력이 일어나고 있는 걸까? 부모가 양육하는 태도나 기준에 문제가 있는 걸까?

"요즘에도 이런 일이 자주 일어나니?"

"아뇨, 제가 공부를 안 하니까 괜찮아요."

이 말은 또 어떻게 받아들여야 할지……. 공부를 안 하니까 괜찮다는 말은 일반적으로 이해하기 어렵다. 보통은 공부를 안 해서 부모와 갈등이 생기고 아이들은 힘들어한다. 하지만 정희는 반대다. 정희가 공부하면 큰일이 난다는 것이다.

"그리고 저는 수영 선수가 될 거예요. 수영 선수를 하면 공부 안 해도 되잖아요. 그래서 수영을 열심히 해요. 의사 선생님이 수영은 해도 된다고 했어요."

덤덤하게 대답한다. 정희는 공부하려는 마음이 없어져 버린 듯했다.

"정희야, 만약 세 가지 소원을 들어준다면 어떤 소원을 빌 거야?"

"다이아몬드, 금, 은을 무한대로 달라고 해서 모을 거예요. 그래서 맛있는 걸 사 먹을 거예요. 그리고 학원을 폭파할 거예요."

사는 형편이 좀 어려운 아이들은 돈과 관련된 소원을 말한다. 그래서 그 돈으로 가족이 함께 행복하게 살고 싶다고 한다. 하지만 정희는 그 돈으로 먹을 것을 사 먹는다고 했다. 그리고 정희는 학원을 한 곳만 다닌다고 했는데, 학원을 폭파하고 싶다는 말은 또 이해가 안 된다.

예전에 학원이 밀집한 동네에 산 적이 있다. 겨울방학 때 큰 학원에서 불이 났었다. 그 당시 학원에 다니는 아이들이 학원 앞에 모여서 불을 진화하는 모습을 지켜보고 있었다. 아이들은 불이 진화되어 가는 것을 안타까워하고 있었다. 아마 학원이 다 타버리기를 기원했을지도 모른다. 모든 것이 타버리기를 바라는 것은 어떤 마음일까? 학원을 원망하는 것일까? 부모를 원망하는 것일까? 정희는 어떤 마음으로 학원을 폭파하려고 하는 것일까?

며칠 후 정희 어머니를 만났다. 어머니가 상담실에서 만나는 것을 불편해해서 근처 카페에서 만났다.

"정희가 학습을 잘했던 경험이 있나요?"

학습이 부진한 아이들에게는 자신이 잘했었던 경험은 중요한 자원이 될 수 있다.

"초등 저학년까지는 잘했어요. 그때 칭찬도 많이 하고, 지지도 많이 해줬어요."

"어떻게 지지하셨어요?"

"잘한 것은 잘했다고 칭찬해주고, 부족한 부분은 조금만 더 열심히 하자고 격려했어요."

"혹시 성적이 떨어지면?"

"솔직히 말해서 성적이 조금 떨어지면 야단도 치고 약간의 체벌도 했어요. 정희는 시키면 곧잘 하고 성적도 잘 받았어요. 하지만 좀 게으른 편이어서 그냥 내버려 두면 아무것도 안 해서 성적이 떨어지고 생활 태도도 좋지 않았어요. 그래서 체벌을 안 할 수가 없었어요."

정희가 지난번에 지우개를 사용하면 어머니가 때렸다고 했던 이야기가 기억이 나서 물어보았다.

"아, 지우개요? 지우개를 쓴다는 것은 틀렸다는 이야기잖아요.

그래서 야단을 좀 쳤어요. 공부할 때 정신 차리고 하라고요."

지우개를 사용한다는 것은 어쩌면 자신의 실패를 인정하고 다시 도전한다는 의미일 수도 있다. 지우개 사건은 초등학교 저학년 때 일이다. 그때 정희는 벌을 받지 않으려고 많이 노력해야만 했을 것이다. 새로운 것을 알아가는 것에 즐거움을 느끼기 전에 공부에 대한 두려움을 먼저 느꼈을 것이다.

어떤 일을 하고자 하는 동기는 접근 동기와 회피 동기로 나뉜다. 접근 동기는 보통 좋아하는 일을 하고자 하는 동기로 성공을 추구한다. 반면 회피 동기는 싫어하거나 두려워하는 것을 피하려는 동기이다. 실패가 두려운 사람은 실패하지 않고자 실패하지 않을 방법을 선택한다. 회피 동기는 다시 두 가지로 나뉜다. 하나는 실패를 피하려고 도전 자체를 완전히 피해버리는 것이고, 다른 하나는 모든 것을 성공하고자 성공 가능성이 큰 것만 하는 것이다. 이러한 동기는 정서적인 특성이 있다. 성공을 추구하는 동기는 희망을 품는다. 이에 반해 실패를 회피하려는 동기는 실패하면 수치나 부끄러움을 느끼고, 실패를 회피하는 데 성공하면 안도감을 느낀다.

정희는 처음에는 성공하려고 노력했을 것이다. 그 성공은 자신이 모르는 것을 배우는 기쁨을 느끼려는 것이 아니었다. 어머니의 꾸중이나 체벌을 회피하려는 노력이었을 것이다. 그래서 성적이 잘 나오면 기쁨보다 안도감이 생겼을 것이다. 그러나 우수한 성적을 받는 것에 점차 자신이 없어지고, 노력하여 얻은 결과물이 좋지 않았을 때는 자신의 노력을 인정받지 못하자 도전하지 않게 되었다. 그 결과 공부를 피하게 된 것이다. 만약 도전할 용기가 있다면 실패는 두려운 게 아니다. 오히려 성공의 기쁨을 더 크게 느낄 수 있으며 자부심을 가질 수 있다.

상담사인 나에게도 도전을 계속할 수 있게 해준 선생님이 있었다. 초등학교 1학년 미술 시간 때다. 하얀 도화지에 과일을 그리는 시간이었다. 과일을 그리다가 너무 못 그려서 창피한 마음에 그려진 과일을 숨기고 싶었다. 그래서 까만 크레파스로 전체를 뒤덮었다. 그러자 옆에 앉은 짝꿍이 마구 놀려댔다. 너무나 창피했다. 그때 담임 선생님이 와서 나에게 "불을 끄고 밤에 복숭아를 먹는 모습이구나. 복숭아벌레를 먹으면 예뻐지는데."라고 하며 웃어주었다. 그러자 놀리던 짝꿍도 주변 친구도 내 그림에 관심을 보였다.

벌써 몇십 년 전 일이지만, 그때 일은 잊히지 않는다. 그래서인지 나는 고등학교 때까지 미술에 대한 거부감이 없었다. 오히려 과감하게 붓질에 도전해서, 감각이 새롭다며 칭찬받은 일도 있었다. 초등학교 담임 선생님이 까만 도화지를 보고는 야단치거나 다른 친구들 앞에서 망신을 주었다면, 지금 내가 미술을 어떻게 생각하게 되었을지 조금은 예상이 된다. 어머니와 상담을 마친 후 돌아오는 길에 만약 정희에게도 나처럼 용기를 북돋워 주었던 선생님과 같은 분이 있었다면 어땠을지 생각해봤다.

낮은 성적이 행복한 아이

오늘도 정희는 만화책을 보고 있다.

"우리 처음 만났을 때 성적 올리고 싶지 않다고 했었는데, 기억나?"

"기억해요."

"혹시 그 이유를 얘기해줄 수 있어?"

"……."

침묵을 깨고 정희가 나지막하게 말한다.

"엄마 때문에요. 아마 제가 성적이 오르면 좀 더 열심히 하라고 하실 거예요. 그리고 학원도 더 많이 보내실 거예요."

생각지도 못한 대답에 다소 당황스러웠지만, 이야기를 계속 해나갔다.

"열심히 하는 것이 힘들었니?"

"성적이 오르면 더 공부를 많이 해야 했어요. 그런데 저는 더 할 수 없었어요."

"성적이 떨어지면 혼나지 않았어?"

"처음에 성적이 떨어질 때는 많이 혼났는데요, 지금은 워낙 성적이 바닥이라서 혼도 안 나요. 다행이죠, 뭐."

목적 없는 행동은 없다고 하지 않던가. 정희는 단순히 공부하고 싶지 않은 것이 아니라 자신을 지키고 싶은 것이었다. 그래서 장래 희망도 공부가 필요 없다고 생각한 수영 선수였다. 정희 어머니도 어떻게 해도 정희가 공부하지 않는다며, 그래서 정희에게 공부시키기를 포기했다고 했다. 이제 정희에게 더는 공부 방법을 알려주겠다는 말을 할 수가 없다.

다음 상담 시간이 되어 상담실로 들어오는 나를 붙잡고 정희가 궁금하다는 듯이 질문한다.

"선생님. 어제 우리 집에 전화했어요?"

"응, 했는데. 왜?"

정희가 한 톤 높은 목소리로 물어본다.

"선생님이 엄마한테 제 칭찬을 하셨어요? 정말로요?"

지난밤, 나는 정희 어머니에게 정희가 상담을 잘하고 있다고 칭찬을 전했다. 그리고 아이에게 내가 칭찬했다는 말을 전달해달라고 부탁했다. 정희가 칭찬을 전달받은 모양이다.

"정희가 상담에서 열심히 잘하고 있잖아?"

"그건 그래요."

웃는 근육은 거짓말하지 못하는 것 같다. 참으려고 해도 웃고 있다는 것을 알 수 있으니 말이다.

"칭찬받으니 어때?"

"너무 오랜만이라, 어색해요."

'웃프다'라는 말이 떠오른다. 정희는 생활 전반에서 무기력한 모습이다. 조금만 생각해야 하는 상황이 생기면 어김없이 두통을 호소

한다. 특히 학습과 관련한 부분에서는 머리가 더 아프다고 한다. 조금만 공부하면 머리를 쥐고 그만하고 싶다고 말한다. 그래서 교과서를 읽는 것조차 진행하기 어려웠다.

작은 성공의 경험이 아이를 성장시킨다

그동안 정희 아버지는 정희의 방패가 되어준 모양이다. 정희 어머니가 공부 때문에 정희를 다그칠 때 아버지는 괜찮다고 하고, 정희가 힘들어할 때 위로해주었다. 그래서 정희는 어머니가 아버지보다 힘이 세질까 봐 염려한다. 그런데 요즘 자꾸 어머니가 힘이 세진다고 걱정한다. 어머니와도 잘 지내고 싶은 마음은 있지만, 어머니에게 다가서는 것에 두려움을 느끼고 있다.

정희와 상담하려고 다른 아이와 상담할 때처럼 활동지나 도구를 챙겨 집을 나선다. 하지만 이 준비물을 상담에서 사용할지는 알 수 없다. 그냥 정희가 이끄는 대로 하는 것이 더 중요하게 느껴졌기 때문이다. 정희는 늘 어머니가 시키는 대로만 했었다. 자신이 하고 싶은 대로 했던 경험이 없으므로 정희가 상담을 주도하게 하는 것이다. 그리고 하고 싶은 말을 하도록 하려는 것이다. 그 말의 내용이 비록 비현실적이라고 해도 말이다. 내가 준비해 가는 이유는 갑자기 정희가 "오늘 뭐 할 거예요?"라고 물어올 때를 대비하는 것이다. 어쩌면 예상치 못한 상황에서 좀 더 의연해지고 싶은 나 자신을 위한 것일지도 모르겠다.

오늘은 조금씩 정희의 내면을 들여다볼 수 있는 활동을 통해 정희에게 내재한 강점을 알아보고자 시도하려 한다.

"저 잘하는 거 없어요."

"저, 장점도 없어요."

"그거 해도 소용없는데……."

"하기 싫은데요."

정희는 자신에 대해 부정적이다. 하지만 강점을 찾아보기로 한다. 친절, 학구열, 자기 조절, 활력 같은 게 강점으로 나온다. 하지만 정희는 선뜻 받아들이지 못한다.

"저 학구열 없는데요."

정희가 낮게 말을 내뱉는다.

"학구열은 새로운 기술이나 지식을 배우고 그것을 연습하려고 하는 마음과 해낼 수 있는 힘이야."

"아, 우리 아빠가 빵 만드는 기술이 있어요. 저도 그건 배우고 싶어요. 그래서 나중에 아빠 가게에서 함께 일할 거예요."

좀 전보다는 밝아진 모습이다. 정희가 처음에는 자신이 잘할 수 있다는 것을 믿지 않았지만, 내가 용어를 설명해주자 그것을 자신에게 적용해보고 확인하면서 그럴 수 있겠다고 생각하게 된 것이다. 그래서 아이에게 무조건 칭찬하는 것은 크게 도움이 되지 않는다.

그 후로 상담이 몇 차례 진행된 후 정희 어머니와 다시 통화했다. 정희가 스스로 방에 들어가서 공부했다는 반가운 소식을 들었다. 어머니는 예전에는 늘 정희에게 방에 들어가서 공부하라고 잔소리해야 겨우 들어갔는데, 이번엔 자신이 아무 말도 하지 않았는데 정희가 스스로 방에 들어가 공부했다는 것이다. 비록 시간은 아주 짧았지만, 정희가 스스로 공부한다는 것이 중요하다. 다음 상담 시간이 기대된다.

"정희가 알아서 공부했다고 어머니가 많이 좋아하시던데."

"조금 했어요. 숙제가 있어서."

"잘한 거야. 그렇게 네가 해야 할 일을 알아서 했다는 것은 아주 잘한 거지."

"그런가요?"

어색해하는 모습이다.

"정희야, 우리 이번 시간부터 국어를 알아볼까? 정희는 책 읽는 거 좋아하니까."

"그럼 엄마한테 비밀로 해야 해요. 꼭요!"

정희가 어떻게 해야 좋을지 갈등이 있었던 모양이었다.

"물론이지."

오늘부터 학습 방법을 조금씩 배우는 시간을 갖기로 했다. 비밀을 지키면서 말이다. 정희는 말하면서 짜증을 많이 부리고 무조건 거부하거나 무기력하게 대답했었다. 그런 태도가 점점 변하고 있었다. 가정에서도 같은 변화가 나타났다. 어머니는 정희가 예전에는 학교 이야기를 전혀 하지 않고 물어봐도 별일 없다고만 대답해서 무척 답답했었다고 한다. 하지만 요즘에는 학교에서 있었던 일을 말하기도 하고, 함께 산책도 다닌다고 했다. 어머니의 전화 목소리에는 그동안 느낄 수 없던 기쁨이 묻어 있었다.

정희 어머니는 사실 정희가 상담하는 것이 그다지 좋지 않았다고 한다. 정희의 상황이 아주 좋지 않아서 상담까지 받는다고 생각하면 속상했다고 했다. 아직 많은 부모가 그렇게 생각한다. 그래서 상담을 처음 시작할 때 거부하는 몸짓으로 상담사를 대하는 경우가 많다. 아무리 전화나 문자를 해도 답을 주지 않거나 자녀의 정보를 나름 포장해서 전해주기도 한다. 그러면 그것이 상담에 걸림돌이 되어 학생을 이해하는 데 오랜 시간이 소모된다. 하지만 시간이 지나면서 상담사의 진심을 알게 되면, 비로소 부모의 거부하던 마음이 바뀐다. 그런 과정에서 자녀는 변화하고 성장한다. 부모도 그런 자녀의 모습을 느끼고 보게 된다. 그렇게 아이도 부모도 성장하는 것 같다.

이제 정희는 두통도 많이 줄어들었다. 하지만 공부에 대한 부담감이 스트레스로 작용하면 아직 두통을 호소한다. 지금은 공부 시간이나 양이 미비하게나마 공부를 조금씩 시작할 수 있게 되었다. 그런 정희를 보자 어머니는 다시 욕심이 생기기 시작한 모양이다.

"정희를 영어 학원에 보내면 어떨까요? 그러면 영어 성적이 훨씬 좋아질 거 같아요. 사실 수학도 필요하기는 해요. 독서하면서 기록장을 작성하게 하면 어떨까요? 그리고 학습의 양을 조금 늘려도 괜찮지 않을까요?"

정희가 걱정했던 부분이다. 그렇지 않아도 이번 기말시험에서 수학은 지난번과 비슷해서 괜찮은데, 영어가 조금 올라서 걱정된다고 했다. 그 이유는 어머니가 또 이것저것 시킬 것 같아서라고 했다. 나도 어이가 없었다. 어머니에게 정희가 아직 준비가 덜 되었으니 기다려달라고 했다. 어머니는 정희가 이제 고등학교에 갈 텐데 지금까지 공부를 안 해서 마음이 조급하다고 했다. 나는 단호하게 좀 더 기다려달라고 요구했다. 공부는 무작정 속도를 내는 것이 중요한 것이 아니다. 기본 개념을 잘 알아야 심화 공부를 할 때 더 잘 이해하고 더 빠르게 할 수 있다. 아직 정희는 속도를 낼 수 있는 단계가 아니다.

다시 상담이 여러 회기가 지난 후 어머니와 다시 만났다.

"선생님, 정희가 정말 달라졌어요. 제가 회사를 갔다 와서 보니 벌써 수학 과제를 다 했더라고요."

"정말요? 정희가 노력을 많이 했네요."

그러면서 슬쩍 그동안 묻고 싶었던 이야기를 건네 본다.

"사실 정희는 그동안 어린아이가 하는 상상과 공상을 많이 이야기했어요. 아마 그런 이야기를 어렸을 때 많이 못 한 거 같아요."

어머니는 깜짝 놀라는 듯했다.

"사실 정희 어렸을 때, 저한테 말하려고 하면 '조용히 하고 공부해.', '그만해.', '빨리 밥 먹어.'라는 말을 많이 했어요. 그때는 바빠서 아이의 이야기를 다 들어주고 공부를 봐주고 할 수 없었어요."

고심 끝에 좀 더 자세한 종합심리검사를 해볼 것을 권유했다.

"사실 초등학교 3학년 때 주의력결핍 과잉행동 장애ADHD 검사를 받아보라는 권유를 받았어요. 하지만 너무 무서워서, 그게 진짜일까 봐 하지 못했어요."

어머니의 흐느끼는 목소리가 가슴이 아프다. 무엇이 두려웠을지 그 마음이 이해된다. 가끔 아이의 심리검사에서 도움이 필요하다는 결과가 나오면 그 원인을 어머니 자신이라고 생각할 수가 있다. 정희 어머니도 그것을 두려워하는 것 같았다. 하지만 그 원인이 중요한 것이 아니라 아이에게 어떻게 도움을 주어 심리적 갈등을 해소할 수 있게 해주느냐가 중요하다. 결국 정희 어머니는 종합심리검사를 신청하지 않았다.

상담이 마무리되어 가고 있다. 정희는 심리적으로 많이 안정되어 보인다. 하지만 아직 많은 부분에서 지원과 지지가 필요하다. 초기 상담에서 정희는 아무것도 하기 싫고 관심도 없는 무기력한 모습이었다.

누구나 처음부터 무기력하지는 않다. 하지만 잦은 실패와 해도 안 된다는 생각은 무기력에 빠지게 한다. 어떤 상황에서 아무리 해도 벗어날 수 없을 때, 그대로 받아들이는 수동적인 태도가 생긴다. 하지만 다행히도 긍정심리학자 셀리그먼Martin Seligman은 무기력감은 반복되는 실패로 학습되지만, 재학습을 통해서 제거할 수도 있다고 했다.

무기력감이 생긴 아이들에게는 작은 성공의 경험이 중요하다. 작은 성공이 쌓여 자신의 가능성을 알게 되고 나도 할 수 있다는 생각을 하게 되면 성공이다. 성공의 경험은 큰 것이 아니어도 좋다. 예를 들어 '일주일에 한 번 화분에 물 주기'를 약속한 후 그것을 지키면 성공의 경험이 될 수 있다. 이때 중요한 것은 '잘했다'라는 칭찬이다. 학습 면에서도 '모르는 단어 두 개 찾아 쓰기'를 약속하고 지켰을 때 '잘했다'라고 칭찬해준다. 이러한 사소함이 아이들에게 자신감을 키워준다. 이때 칭찬은 아이가 한 노력에 해야 한다. 결과에 칭찬하게 되면 결과가 좋지 못할까 봐 두려움을 느끼게 된다.

이후 과제의 난도를 높일 때는 부모가 임의로 높이면 안 된다. 도전의 폭은 자녀와 함께 의논하여 정하는 것이 좋다. 아이가 현재 자신의 능력보다 너무 낮은 목표를 세우거나 너무 높은 목표를 세우려고 할 때 대화를 통해 조절하는 것이 중요하다. 이때 "야! 좀 더 목표를 올려봐. 그렇게 해서 언제 성공할래?", "너 그거 할 수 있겠니? 능력도 안 되면서." 같은 말은 되도록 하지 않아야 한다. 아이에게 노력하는 과정이 결과보다 더 중요함을 알도록 해야 실패해도 다시 도전할 수 있다. 그리고 아이의 의견을 잘 듣고, 아이가 세운 목표의 의미를 살펴보는 것도 중요하다.

마지막 상담 시간이 되었다.

"정희야, 상담 시간에 열심히 해서 고마웠어. 그리고 선생님한테 많은 이야기를 해준 것도 고마워."

"상담을 시작할 때는 걱정되었어요. 그런데 마음도 무척 편해지고, 엄마도 많이 달라지셨어요. 그래서 좋아요."

어머니도 많이 노력했다. 예전에는 어머니의 속도로 정희를 끌고 가셨지만, 지금은 정희와 속도를 맞춰서 함께 나아간다.

"잘됐다. 그건 정희가 노력해서 얻은 거야. 그리고 자신을 스스로 칭찬해줘. 선생님 따라 해봐. 참 잘했다, 정희야!"

"참 잘했다. 정희야!"

정희가 쑥스러운 듯이 웃으며 따라 한다. 말로 소리 내어 해보는 것은 마음속으로만 하는 것과는 다른 힘이 있다. 다른 사람의 칭찬도 받는 것도 좋지만 스스로 자신에게 칭찬하는 것도 좋다.

"선생님, 감사합니다."

"나도 고맙다."

마지막 상담의 끝을 알리는 종소리와 함께 정희는 떠났다. 나는 정희가 떠난 상담실에서 다른 학생을 기다린다. 그리고 정희와 상황이 비슷했던 학생의 근황이 궁금해졌다.

'그 아이는 잘 지내고 있을까?'

그 아이는 전학생이었다. 전에 있던 학교에서는 아주 우수한 학생이었다. 초등학교 5학년 때 학구열이 높은 지역으로 이사를 왔다. 아이의 성장을 위한 선택이었고, 아이가 보란 듯이 성장하리라 믿고 기대하며 온 이사였다.

하지만 아이는 주눅이 들었다. 주변 사람들의 무시하는 듯한 말이 그 아이에게는 커다란 상처였다. 시간이 지나면서 부모는 학교에서 연락을 자주 받았다. 아이가 잘못한다는 내용이었다. 부모는 '어떻게 내 아이가, 말도 안 돼!'라며 이런 상황을 이해하고 받아들이지 못했다. 부모가 아이를 다그치는 일이 많아졌다. 그러는 동안에 아이는 말이 없어지고 휴대전화를 들고 있거나 게임을 하는 시간이 늘어났다.

"너 그거 중독이야!"

"핸드폰 압수야, 얼른 공부해!"

"묻는 말에 대답해. 어휴, 답답해!"

부모와 자녀의 대화는 일방적으로 진행되는 일이 잦아졌다. 결국 인터넷 게임 중독을 검사하고 상담을 시작했다. 인터넷 중독, 게임 중독이 중요한 것이 아니라 마음의 상처가 시급한 문제였다.

정희 때처럼 아이의 말을 많이 들어주는 것으로 상담은 시작되었다. 그리고 부모에게도 자녀의 이야기를 많이 들어주고, 함께하고, 즐겁게 지내도록 요청했다. 어느 부모가 내 아이를 아프게 하려고 하겠는가. 나는 느낄 수 있다. 부모도 매우 힘들고 아프다. 부모가 어떻게 자녀를 대하고 있는지 스스로 깨닫기는 어렵다.

다음 장에 나오는 경이 어머니도 자신을 되돌아보기를 어려워했다. 하지만 자기 과거를 되돌아보고, 지금 자신이 어떻게 아이를 바라보고 있는지를 깨달았다. 이러한 어머니의 노력은 경이를 스스로 공부할 수 있는 아이로 변화시킬 수 있었다.

짜증 내는 엄마 때문에
스스로 공부하지 못하는 아이

내 아이가 학교에서 공부를 잘하기를 바라는 부모의 심정은 다 같다. 하지만 초등학교에서는 공부를 잘하던 아이가 중학교에 올라가면서 공부를 어려워 할 때가 있다. 특히 초등학교에 다닐 때는 부모가 자녀의 학습을 많이 지도해주다가 중학교에 진학하면 아이가 스스로 공부할 것을 요구할 때 그렇다. 부모는 아이가 중학생이 되면 주도적으로 목표를 세우고 계획하고 실천할 수 있으리라고 생각한다. 하지만 갑자기 이러한 상황에 놓인 아이는 당황하고 자신이 무엇을 어떻게 해야 할지 모른다.

자기 일을 처음부터 스스로 알아서 하는 아이는 없다. 부모가 옆에서 아이에게 관심을 두고 관찰하면서 아이 성향에 맞게 도와주어야 한다. '자기 주도 학습'은 아이가 혼자 알아서 공부하게 그냥 내버려 두는 것이 아니다. 부모가 앞에서 끌어주는 것이 아닌 옆에서 보조를 맞추면서 함께 가는 것이다. 그러다가 아이가 스스로 할 수 있는 시점이 되었을 때부터는 부모가 점차 뒤에서 아이를 바라보기만 하면 된다.

자기 주도 학습을 지도할 때도 아이의 발달 수준에 따라야 한다. 지나친 학습 권유와 과도한 학습량은 공부에 흥미를 잃게 한다. 그리고 공부에 부정적인 환상과 거부감이 생기게 해서 공부하려는 욕구를 떨어뜨린다. 초등학교 고학년까지 학습이 자기 주도적으로 이루어지면 상급 학교에 진학해서도 스스로 공부할 가능성이 크다.

부모와 자녀 사이가 좋지 않은 가정에서는 잔소리하는 부모에 맞서는 아이를 볼 수 있다. 오가는 대화 내용도 당연히 편치 않다. 이런 관계에서는 부모가 아이에게 아무리 좋은 자기 주도 학습법을 알려주려고 하여도 아이는 받아들이지 않는다. 하지만 자존감이 높고 부모를 신뢰하는 아이는 자기 주도 학습 능력도 높은 것을 볼 수 있다. 부모와 나누는 따뜻한 대화는 아이의 정서뿐만 아니라 학습에도 많은 도움을 준다. 아이가 심리적으로 안정한 상태에서 학습해야 공부에 집중할 수 있으며, 혹시 학습에 문제가 발생해도 그 문제를 스스로 해결할 힘을 키울 수 있다.

짜증 나는 엄마의 주문

'자기 주도 학습'이란 말은 교육에서 자주 언급되어왔다. 이는 학습에 참여할지를 결정하는 것부터 시작하여 교육의 전 과정을 자발적 의사에 따라 선택·결정하고 스스로 조절·통제하는 학습 형태라고 교육심리학 용어 사전에서 밝히고 있다. 이렇게 스스로 선택하고 결정하며 학습할 때 공부도 의미가 있고, 자신의 미래를 계획하고 추진하다가 실패를 경험하게 되더라도 다시 도전할 수 있다.

그런데 경이는 이렇게 자신의 의사가 무엇인지 생각해본 적도, 자신이 무엇을 어떻게 할 것인지 결정을 내린 적도 거의 없었다. 어머니의 주문대로 움직이면 다 되었기 때문이다. 오늘도 경이는 어머니의 주문을 받고 있다.

"수학 공부할 시간이다."

"좀 쉬다가 할게요."

"지금까지 쉬었는데 또 쉬어? 도대체 언제 하려고 해! 지금 당장 시작해."

"알았어요. 지금 한다니까요. 해요, 한다니까."

"야! 그런 마음으로 할 거면 하지 마, 나 좋자고 이러니? 다 너 좋으라고 이러는 거야."

"아! 짜증 나. 하면 될 거 아녜요."

경이와 어머니의 대화는 마치 서로 일부러 상처를 주려고 하는 것처럼 보인다. 하지만 상담에서 만난 경이는 말도 차분하게 하는 아주 여린 성격의 남학생이다.

상담 초반에는 상담하러 온 아이에게 늘 가족 이야기를 하게 한다. 가족을 어떻게 생각하는지, 가족은 평소 어떤 모습으로 있는지, 가족 간의 관계는 어떠한지 등 가족에 관한 내용은 상담에서 아주 중요하다. 아이가 왜 그런 생각과 행동을 하게 되었는지를 이해할 수 있는 실마리가 되기 때문이다.

경이는 유치원에 다닐 때 어머니를 기다렸던 이야기를 한다.

"유치원에 다닐 때도 엄마는 아주 바빴어요. 그래서 혼자 유치원에 남아 있는 날이 자주 있었어요."

"다른 친구들은 모두 가고 혼자 남아서 무척 속상했겠네."

"네, 정말 싫었어요, 한번은 밤 9시까지 엄마가 오지 않아 원장님과 공원에 나가서 기다린 적이 있어요. 그러다 벤치에서 잠들었던 기억이 아직도 나요."

경이 어머니는 동대문에서 전문 디자이너로 일하느라 늘 바쁘다. 그래서 집안일은 가사 도우미 아주머니가 대신 도맡아 하고 있다. 경이가 어렸을 때부터 아침밥, 등교 준비, 옷 갈아입기, 간식 등을 챙겨주는 부모의 손길이 한참 있어야 하는 시기에 경이를 돌본 건 도우미 아주머니였다.

"요즘에도 많이 늦게 퇴근하시니?"

"아뇨, 일찍 들어오세요. 그런데……."

"……."

"엄마가 일찍 들어오시긴 하는데, 같이 있지는 않아요."

"그럼 어떻게 있는데?"

"전 제 방에 있어요. 사실 엄마랑 있으면 좋기는 한데, 짜증이 날 때가 더 많아요."

사실 상담을 시작하고 나서 경이는 "피곤하다.", "외롭다.", "고양이가 있었으면 좋겠다.", "놀고 싶다." 등의 말을 자주 한다. 어머니가 곁에 있었으면 하고 바랐을 때 어머니는 곁에 없었다. 그리고 경이는 지금은 어머니 곁에 있을 수 있지만, 먼저 가까이 다가가지도 못하고, 자신에게 다기오는 어머니는 어색하게만 느껴진다.

아이를 믿지 못하는 엄마

경이와 상담하는 요일을 정하는 데 경이가 고민을 오래 했다. 일주일 내내 학원 스케줄로 매우 바빴기 때문이다. 경이는 월요일부터 토요일까지 매일 학원 수업이 있고, 그중 월·수·금은 자정을 넘겨서야 끝났다. 보통 학교 끝나자마자 학원에 가야 수업 시작 시각을 맞출 수 있어서 저녁을 챙겨 먹을 시간적 여유가 없다. 그래서 편의점에서 간단하게 식사를 해결했다. 그 후유증으로 요즘 위염을 앓는다. 어머니와 집에서 따뜻한 식사를 함께한 것이 언제인지도 모른다.

학원에서도 경이가 힘들기는 마찬가지였다. 특히 학원 영어 선생님은 까탈스러워서 조금이라도 수업 시간에 늦으면 경이의 머리를 쥐어박기 일쑤다. 또 하루에 암기해야 할 단어가 80개인데, 제대로 외우지 못하면 다 외울 때까지 학원에 남아 있어야 한다. 하루에 10개도 외울까 말까 하는 경이한테 80개는 처음부터 넘을 수 없는 벽이라 거의 숙제를 하지 못한다. 이런 생활을 일주일, 한 달, 일 년을 계속하고 있다.

경이는 오늘도 학원에 간다. 어머니가 가야 한다고 했으니까 간다. 어머니는 이성적이고, 직설적으로 표현하는 성격으로 감정 표현이 서투르다. 게다가 경이에게 칭찬은 거의 하지 않는다. 솔직히 칭찬을 어떻게 해야 할지 모르겠다고 했다. 모든 일의 결정은 어머니가 내리고, 경이는 따르기만 하면 되었다. 그런데 경이 아버지는 이런 어머니와 성격이 반대였다. 경이가 초등학교 3학년 때부터 중국에서 일하고 있는 아버지는 경이에게 다정다감하고 친근하게 대했다.

방학 때마다 경이는 아빠가 있는 중국에 가서 1개월 정도 지내는데, 그 시간을 1년 중 가장 좋은 나날로 기억한다. 경이는 매일같이 아버지와 페이스북으로 대화를 나눈다. 원하는 것이 생길 때도 아버지에게 요구한다. 아버지는 경이와 함께하지 못하는 것을 경이에게 무척 미안해했다. 그래서 경이가 원하는 것은 대부분 들어주려고 한다. 어머니가 안 된다고 했던 일도 아버지에게 넘어가면 해결될 때가 많았다.

그런데 이 때문에 어머니와 아버지는 다투는 일이 잦아졌다. 아이는 자신 때문에 다투는 부모를 보면 불안해한다. 또 심할 때는 아이가 자신만 없으면 우리 집은 편안하리라고 생각하며, 아이의 자존감은 낮아지게 된다. 이렇게 부모가 양육 과정에서 대치하면, 아이는 자신이 어떻게 해야 할지 모르는 갈등상태에 놓이기도 하고, 자신에게 유리한 편만 선택하는 기회주의적 성향이 다소 강해질 수도 있다. 둘 다 아이가 성인이 되었을 때 대인관계에서 문제를 일으킬 수 있다. 따라서 부모가 아이에게 금지해야 할 것을 교육할 때에는 두 사람이 통일된 모습을 보여야 한다.

바움린드Diana Baumrind에 따르면 부모의 양육 유형에 따라 자녀의 발달 특성이 다르다. 아무런 설명 없이 규칙을 강조하고 자녀의 행동을 통제하는 방식으로 양육하는 부모의 자녀는 수동적이고 많이 갈등하는 특성을 갖게 된다. 자신이 하는 행동의 목적을 세우지 못하게 된다. 반면에 규칙을 설명하거나 강요하지 않고 충동과 욕구를 절제하지 않아도 수용하는 부모의 양육 방식은 자녀가 자기 의존도가 낮고 자기 조절을 어려워하는 특성을 갖도록 한다. 하지만 부모가 규칙에 대해 자녀와 충분히 의사소통하고, 자녀가 규칙을 준수하도록 하며, 자녀의 성숙하고 독립적인 행동을 기대한다면 자녀는 자기 통제적이고 스스로 문제를 해결하려는 특성을 갖는다. 또 다른 사람과의 관계도 잘 유지한다.●

- 최혜순, 『부모교육』, 동문사, 2011

경이는 어머니와 아버지 사이에서 갈등을 겪는 중에 사춘기에 접어들었고, 지금은 어머니와 사사건건 대치한다.

"고양이 키우고 싶어요."

"운동하고 싶어요."

"유도를 배우고 싶어요."

"엄마처럼 디자인을 공부할래요."

"유도 배워서 체육학과 갈래요."

"보컬 학원에 다니고 싶어요."

"기타 배우고 싶어요."

경이는 이렇게 하고 싶다는 말을 유독 많이 한다. 이런 모습에 경이 어머니는 여지없이 "왜 저래?", "또 시작이군."이라고 반응하며 경이의 말을 경청하지 않는다. 경이네 집은 경제적으로 넉넉한 편이어서, 경이가 원하는 건 부모가 물질적으로 충분히 해줄 수 있다. 하지만 어머니는 경이가 원하는 게 많은 것과 원하는 것들을 마땅치 않아 한다.

경이는 학교에서는 온순하고 성품이 착해 학교 선생님의 사랑을 듬뿍 받는다. 그래도 경이는 늘 부족하다. 늘 넘치는 사랑을 받고 잘 자라온 것 같은 경이가 왜 외롭고 허전하다고 하는 걸까?

요즘 어머니와 경이가 서로 대치하는 주제는 고양이 키우기다.

"저는 고양이를 키우고 싶어요."

"무슨 소리야? 공부해야지!"

"엄마가 고양이 키우게 해주면 공부할게요!"

두 사람은 결론도 나지 않는 이런 대화를 수도 없이 주고받는다. 오늘도 경이는 어머니가 고양이를 사주지 않으리라는 것을 알면서도 조른다. 어머니는 어김없이 단호하게 "안 돼!"라고 경이의 말을 자른다.

경이가 고양이를 사달라고 하는 데는 이유가 있다. 경이는 학교 끝나고 돌아왔을 때 텅 빈 집이 싫다고 한다. 텅 빈 집에 들어설 때 받는 느낌이 싫어서 학원에서는 공부해도 집에 들어와서는 공부하지 않게 되었다.

"선생님, 엄마한테 고양이 좀 사주라고 해주세요."

"고양이? 갑자기 고양이가 왜 갖고 싶은데?"

"작년에 친구 집에 놀러 갔는데, 친구네 고양이가 제 발밑에서 애교도 부리고 얼굴을 비벼대면서 장난을 쳤는데, 마음이 너무 편했어요. 그 느낌이 아직도 생생해요."

"고양이가 있으면 어떨 거 같은데?"

"제가 집에 가면 고양이가 반겨줄 거잖아요. 그러면 외롭지 않을 거 같아요."

경이가 외로워서 많이 힘들었던 모양이다.

경이에게는 특별한 버릇이 있다. 잠잘 때 어릴 때부터 덮었던 이불이 있어야 잠을 푹 잘 수 있다. 그 이불이 더러워지면 세탁해야 하는데, 꼭 볕이 좋은 이른 아침에만 이불을 세탁한다. 그래야 잘 말라서 그날 밤에 꼭 덮고 잘 수 있기 때문이다.

이 이불은 경이에게는 부모의 품을 대신해주는 중간 대상이다. 사람은 태어나면서 접하게 되는 주요 대상이 있다. 외부적으로는 자신의 주변에 실제로 존재하는 사람이나 사물이고, 내부적으로는 정신적 이미지·느낌·기억 등이 있다. 중간 대상은 내·외부의 특성이 모두 있는 대상이다. 어릴 적 부모에게 원하며 느끼고 싶었던 포근함을 이불의 촉감으로 대신하여 마음의 안정을 찾고자 하는 것이다. 중간 대상은 누구나 유아기에 마음의 안정을 위해 하나씩은 생길 수 있다. 흔히 자신이 좋아하는 어릴 때 베고 자던 베개, 덮던 이불, 가지고 놀던 인형 등이 그 대표적인 예다. 하지만 아동기를 지나서 청소년기에 대부분 자연스럽게 사라진다. 그런데 경이에게는 중간 대상이 오래도록 남아 있다. 불안한 마음을 달래줄 대상이 필요한 것이다.

어머니에게 경이가 스스로 계획하고 실천할 수 있도록 자율권을 주고 일을 한 가지 정도 맡기게 했다. 무조건 안 되리라고 지레짐작하지 말고, 무슨 일이든 한 번 정도 아이를 믿고 맡기는 것이 큰 전환의 계기가 될 수 있다.

"쟤는 제대로 하는 게 없어요. 뭘 하겠다고 하더라도 조금 하다가 그냥 그만둬 버려서 제가 아무것도 시킬 수가 없어요. 고양이 키우는 것도 말만 저렇게 자기가 다 한다고 하지 실제로 키우면 밥도 제대로 안 주고, 똥도 안 치워줄 게 뻔해요. 예전에 사슴벌레를 사주었을 때도 얘가 제대로 돌보지 않아서 다 죽어버렸어요. 이제 경이가 콩으로 메주를 쑨다고 해도 안 믿어요. 믿음이 안 가요."

어머니는 몇 번의 경험으로 경이에 대한 믿음이 사라졌다. 불안한 마음을 안고 경이에게 해볼 만한 방법은 모조리 시도해보려 하지만, 마음 한구석에는 잘할 수 있겠느냐는 의구심과 불신이 크게 자리 잡고 있다. 경이 또한 어머니가 자신을 믿지 않는다는 것을 알기에 화풀이하듯 어머니에게 요구하고, 어머니가 요구를 들어주지 않아 좌절하고, 결국 원하는 것을 포기하는 과정을 다람쥐 쳇바퀴 돌듯이 반복했다.

저도 스스로 할 수 있어요

경이가 공부하기는 싫어하고 억지로 학원을 다니지만 무기력하다고 해서 하고 싶은 것이 없는 것은 아니다. 경이에게도 하고 싶은 것이 있다. 경이는 운동 관련한 것은 모두 좋아한다. 어릴 때부터 안 배운 운동이 없다. 수영, 배드민턴, 유도, 태권도, 축구 등 운동 학원에 다니는 것은 마다하지 않았다. 다만 한 학원에 끈기 있게 오래 다니지는 못했지만, 운동만큼은 잘할 수 있다는 자신감이 가득했다. 경이가 지금에 와서 다시 운동하고 싶어 하는 가장 큰 이유는 운동할 때 주변의 인정을 많이 받기 때문인 것 같다.

한번은 체육대회 때 경이가 반 대표로 달리기한 적이 있다. 한참

뒤처지던 반의 마지막 주자가 경이였다. 경이는 배턴을 받고 나서 역전승이라는 기쁨을 반 전체 친구들에게 선사했다. 그날 하루만큼은 경이가 그 반의 영웅이었다.

하지만 어머니가 보기에는 경이의 운동 실력이 그다지 뛰어나지도 않고, 경이가 운동으로 대학에 가기는 더욱 어려워 보인다. 그래서 어머니는 운동하고 싶다고 말하는 경이를 탐탁지 않아 하며, 어느 순간 경이가 운동 학원은 다니지 못하도록 다 끊어버렸다. 그리고 운동하고 싶어 하는 경이의 말은 귀 기울여 들으려 하지도 않았다.

어머니는 경이가 운동으로는 성공할 수 없다고 생각한다. 경이가 운동을 취미 이상으로 시작하는 것은 상상도 못 했다. 오직 공부하게 해서 더 나은 대학에 보내는 게 목적이다. 경이가 "유도 학원에 보내주면, 공부 더 열심히 할게요."라고 조건을 내걸었는데도 어머니는 경이를 믿어 주지 않았다. 어머니는 경이가 잘해내리라는 확신이 없다.

경이가 어머니에게 자꾸 요구하고 요구하는 것은 "저를 좀 믿어 주세요."라는 절규인지도 모르겠다. 어머니에게 경이를 한번 믿어 보라고 부탁했다. 이때 어떠한 조건도 제시하지 말고 응원해주라고 당부했다. 하지만 어머니는 자신의 결정과 판단이 옳다고 생각하는 듯했다.

어머니도 자신을 되돌아볼 시간이 필요하다

어머니는 자신이 무엇을 잘못했는지 알지 못해 답답해했다. 그래서인지 이번 경이와의 상담에서는 다른 상담보다 유난히 어머니와 상담을 많이 했다.

"어머니, 경이를 보면 '온실 속의 화초'가 생각나요."

"사실, 작년 학교 선생님도 비슷한 말씀을 하셨어요."

그때 어머니는 선생님이 한 말을 인정하고 받아들일 수 없었다.

"제가 아이 양육을 잘못해서 그런가 봐요."

한동안 어머니는 표정이 굳어서는 말을 잇지 못했다.

"지난 기말고사 전에 경이가 고양이를 데리고 왔어요."

"어머님이 사주셨어요?"

"아뇨, 학원에서 집으로 오는 길에 검은 봉지에 있는 고양이와 편지를 보고 데리고 왔대요. 편지는 사정이 생겨서 못 키우게 되었는데 고양이가 아프니 병원에 좀 데려다 달라는 내용이었어요."

"경이가 동물을 좋아하죠?"

"네, 경이가 병원에 데리고 가겠다고 해서 할 수 없이 그러라고 했어요. 그런데 늦은 시간이다 보니 문을 연 동물병원이 없어 24시간 하는 동물병원을 찾아서 갔다 왔어요."

"그 고양이는 어떻게 됐어요?"

"크게 아픈 곳은 없었는데, 경이가 키우게 해달라고 하도 졸라서 며칠만 데리고 있으라고 했어요."

"허락하신 거예요?"

"많이 고민했어요. 그런데 제가 반대하면 시험 기간인데 공부를 더 안 할 거 같았어요. 그래서 할 수 없이 그러라고 했어요."

그날 저녁 경이는 고양이를 꼭 안고, 자기 방에서 시험공부를 했다. 하지만 경이는 고양이 배변 처리하기, 목욕시키기, 날리는 털 청소하기 등 고양이 관리에는 게을렀다. 그러다 보니 그 뒷감당은 어머니가 하실 수밖에 없었다. 어머니는 도저히 경이가 고양이를 키울 수 없다는 것을 또다시 느꼈다. 어머니는 때마침 지방에서 결혼식 때문에 올라온 고모에게 고양이를 부탁했다. 경이는 처음엔 반대했지만 어머니의 설득에 할 수 없이 고양이를 보내기로 했다. 이 일은 경이가 공부하지 않을 이유를 만들어준 계기가 되었다.

"그날 이후 경이는 제가 고양이를 보내서 공부할 수 없다며 공부는 거의 하지 않아요."

어머니와 경이는 늘 이런 식이다. 경이는 어머니가 무엇에 약해지는지 그동안의 경험으로 잘 안다. 어머니는 경이가 공부하지 않을까 봐 전전긍긍한다. 그래서 경이는 공부에 목숨 거는 어머니에게 공부를 무기처럼 사용해, 어머니의 결정이 마음에 들지 않으면 스스로 학습을 포기하는 모습으로 대응한다. 어머니와 양육 형태와 자녀의 특성에 관해 이야기를 나누면서, 어머니는 자신의 양육 방식에 대해서 생각이 많아졌다. 이제 어머니도 자신을 되돌아볼 시간이 필요한 듯해 보였다.

어머니의 어린 시절

어머니는 늦은 나이에 결혼해서 어렵게 경이를 낳았다.

"경이가 온실 속의 화초 같다고 하셨잖아요. 그 말을 들은 게 이번이 처음은 아니에요. 예전에 들었을 때는 말도 안 된다고 생각하고 무시했어요. 전 그렇게 키운다고 생각한 적이 없었으니까요. 하지만 이번에 선생님께 그 말을 듣고 나서는 많이 생각해봤어요."

어머니는 자신의 어린 시절이 생각났다고 한다. 어머니는 어릴 적 학교가 끝나면 친구랑 놀지 못하고, 곧장 집으로 와야 했다. 친정어머니가 경이 어머니를 혼자서는 아무 데도 가지 못하게 하며 늘 따라다니면서 곁에서 지켜줬다. 수학여행도 위험하다고 안 보냈을 정도다. 경이 어머니는 친구들과 멀리 놀러 나가는 것은 꿈도 못 꾸었다. 그래서인지 학창 시절에 친구와 즐겁게 지낸 기억이 별로 없다고 한다.

"그 당시 어머니 마음은 어떠셨어요?"

"모든 것을 엄마 마음대로 하는 것이 너무 싫었던 기억이 나요."

어머니가 갑자기 웃으며 말한다.

"가만히 생각해보니 경이가 해야 할 일을 제가 먼저 알아서 다 해결해준 것 같아요. 준비물이나 책가방 등도 제가 미리 챙겨주고,

다녀야 할 학원도 제가 알아서 정하고, 스케줄도 제가 짜서 경이는 그대로 움직이게 했죠. 우리 엄마와 제가 같았다는 생각이 들어요."

"아마, 그렇게 하실 때는 경이를 위해서라고 많이 생각하셨을 거예요."

"맞아요. 전 경이가 늘 걱정됐어요. 만약 지금 경이가 이 일을 하지 않으면 어떤 결과가 올지 예측되고 상상되니까 미리 해놓지 않으면 불안했거든요. 경이가 잘못될까 봐요. 사실 경이가 하는 일은 미덥지 못할 때가 더 많았어요."

어머니는 공부를 안 하는 경이의 모습을 보면 부정적인 미래의 모습이 떠올라서 잠이 오질 않을 정도였다고 한다. 아이의 마음이나 생각을 들으려 하기보다는 어머니 혼자 예상하고 판단해서 결론을 내리는 상황이 많았다.

"어머니가 걱정하시는 부분이 무엇인지 이해는 돼요. 하지만 경이가 더 커서 성인이 되었을 때도 어머니가 경이를 챙겨주실 수는 없어요."

주어진 대로만 살았던 아이가 어느 날 갑자기 스스로 모든 것을 결정하고 추진할 수는 없다.

"가끔은 제가 사고를 당하면 경이는 어떻게 하나라고 걱정한 적도 많아요. 한번은 경이에게 '엄마가 없으면 어떻게 할 거니?'라고 묻기도 했어요."

"갑자기 그런 질문은 왜 하셨어요?"

"아무것도 할 줄 모르는 경이가 걱정됐어요."

어머니는 경이가 아무것도 할 줄 모른다고 생각한다. 어렸을 때부터 경이에 스스로 무언가를 할 기회가 너무 적어서, 지금 할 수 있는 것이 많지 않은 것이다.

"경이는 뭐라고 하던가요?"

"별 대답이 없었어요."

어머니는 경이를 사랑하는 만큼 걱정도 많이 하는 것이다.

어머니는 자신의 초등학교 생활을 이렇게 기억한다.

"그 옛날에는 초등학교에 입학하기 전에 한글을 공부하고 온 친구가 없었어요. 그런데 저는 유치원에 다닐 때부터 한글을 다 배우고 입학해서 초등학교에 들어가서는 공부를 잘한다는 칭찬을 들었어요."

그래서 어머니는 '나는 잘하는 아이고, 다른 애들보다 잘해야해.'라는 마음으로 주위에 인정받고자 늘 열심히 공부했다. 청소년기에는 항상 모범적이고, 책임감이 강하고, 주변에 약한 모습을 절대 보이지 않았다. 그래서 지금도 감정 표현이 자연스럽지 못하고, 규칙과 원칙을 강조하는 성격이다. 그랬던 자신과 비교하여볼 때 스스로 공부하지 않는 경이를 이해할 수 없었다. 학원에서 "경이가 안 해서 그렇지 머리는 참 좋아요."라는 피드백을 들으면, 어머니는 경이의 공부를 더 포기할 수 없었다. 경이에게 억지로라도 공부하게 하면 결국은 경이가 좋은 결과를 이루리라는 기대를 늘 품고 있었다. 어머니의 머릿속에 경이의 마음을 헤아리려는 생각은 전혀 없었다.

어머니는 상담을 받기 전까지 이런 자신의 모습을 회상해본 적이 없었다. 경이를 위한 가장 좋은 방법을 찾기 위해서는 어머니가 자신의 과거를 되돌아보는 시간이 필요했다.

어머니는 대학에 들어간 뒤 사회 경험을 쌓고자 아르바이트를 시작했다. 가정집으로 찾아가 설문하는 일이었다. 어머니는 설문하는 도중에 큰 비가 내려서 조사를 중단해야 할 처지에 놓였다. 하지만 자신에게 주어진 것을 끝까지 해야 한다고 생각했다. 그래서 급하게 우비를 사 입었지만, 세찬 비바람은 온몸을 다 적셨다. 너무 추웠지만, 끝까지 맡은 일을 다 해냈다. 하지만 그 때문에 폐렴에 걸려 무척 고생했다고 한다.

이 일화에서 어머니가 맡은 일은 끝까지 해야 한다고 생각하고, 또 도중에 어려움이 있어도 결국 끝내고 마는 책임감이 강한 성격이라는 것을 엿볼 수 있다. 어머니는 이 일을 하면서 돈 벌기가 정말 어렵다는 걸 비로소 깨닫고 부모님께 감사해야겠다는 생각도 처음 하게 되었다고 한다. 자신도 온실 속의 화초처럼 자라서 철이 늦게 들었는데, 경이도 그런 것 같다고 말한다.

이렇게 어머니는 상담 중에 자신의 성장기 모습을 회상하면서 또 다른 자신의 모습을 찾는다. 자신을 객관적으로 이해하게 되면, 그동안 볼 수 없었던 자신의 모습이 보이기 시작한다. 이제껏 놓쳐 온 자신의 일면을 다시 한번 되돌아볼 수 있다.

무너진 온실

어린 시절 경이 어머니는 누구보다 모범적이고 책임감이 강했던 만큼 주변에 약한 모습을 절대 보이지 않았다. 그래서 감정 표현이 자연스럽지 못하고, 규칙과 원칙을 강조하는 편이다. 현재 하는 일도 일의 특성상 꼼꼼하고 정확해야 하므로 늘 예민하고, 여유가 없는 편이다.

어머니는 경이가 어릴 때 안아주고 놀아주기보다는 가만히 지켜보기만 했던 기억이 많다. 경이가 해야 할 일도 못 미더워 먼저 해주려고 했다. 아이의 마음을 읽으려 하기보다 혼자 예상하고 판단해서 결론을 내리는 상황이 많았다.

아이를 통해 어머니는 자신의 어릴 적 기억을 더듬어보면서 이런 사실을 하나씩 알아가고 있다. 이 상담에서는 경이와의 만남도 중요하지만, 경이 어머니가 상담을 통해 조금씩 변해가기 시작한 것이 더 중요했다.

흔히들 아이의 모습은 부모의 거울이라고 한다. 아이의 그늘진 모습에는 화를 내는 부모의 모습이 드리워져 있다. 부모가 웃는 얼굴로 사랑스러운 미소를 띠며 아이를 바라봐줄 때 아이의 얼굴에는 웃는 표정이 떠오른다.

경이가 진짜 공부하기를 원한다면, 그리고 진짜 걱정된다면, 공부한다고 얼마나 책상머리에 앉아 있는지를 따질 것이 아니라 우선 경이가 자기 방 책상을 편안하게 생각하고 어머니의 말을 포근하게 느끼도록 해야 한다. 감정을 먼저 수용하고 나서 행동을 수정해야 한다.

경이가 원한 것은 비싼 옷이나 넉넉한 용돈, 고액 과외가 아니었다. 고양이를 원한 것도 알고 보면, 고양이 털처럼 보드라운 촉감이 그리운 것이고, 이유 없이 자기를 좋아하고 따르는 고양이의 행동에서 따뜻한 정을 느낀 것이다.

경이는 집에 가면 온기를 느낄 수 없고 춥다고 표현했다. 또 집에만 가면 피곤해진다고 했다. 원칙과 규칙을 강조하는 성격의 어머니와 무기력하고 의욕이 없는 경이를 생각하면 두 사람의 갈등하는 모습이 저절로 그려진다. 경이가 피곤해서 겉옷을 아무데나 던져버리고 소파에 누워 있다. 이 모습을 본 어머니는 쉬기 전에 정리·정돈을 먼저 해야 한다고 생각하기에 경이에게 화를 내고, 옷부터 정리하라고 시켰을 것이다. 어머니는 옷이 흩어져 있는 모습을 보면서 경이의 정신이 흩어져 있다고 생각하기 때문이다. 경이가 고양이를 키우고 싶어 할 때도, 유도를 배우고 싶어 할 때도, 기타를 치고 싶어 할 때도 어머니는 왜 그런 것을 하고 싶어 하는지를 이해하려고 하지 않았다. 그리고 경이가 별 뜻 없이 무작정 내뱉는 말이라 생각하여 그것을 하도록 허락하지 않았다. 따뜻한 정이 그리운 경이는 그런 어머니의 모습에서 차가움을 느낄 수밖에 없었다.

경이가 5학년 때까지는 어머니와 시험 2주 전부터 전 과목 문제를 함께 풀었다. 어머니는 경이를 대신해 시험 기간에 공부할 계획을 짜주고, 그에 맞춰 시험 범위를 공부하도록 했다. 경이는 한 번 정도 복습해주면 상위권 성적을 받았다. 그런데 경이가 6학년이 되고 나서 경이 할머니가 병이 났다. 어머니는 1년간이나 일을 하면서도 퇴근 후에 할머니 병간호를 했다. 이때부터 경이는 혼자 공부해야 했지만, 하지 않았다. 심지어 시험 기간이 되었는데, 엄마는 왜 나에게 공부를 안 시키지?'라는 생각이 들었다고 했다. 몸과 마음이 지친 어머니는 경이를 예전처럼 돌볼 수가 없었다.

그동안 경이의 학습 성과는 어머니의 노력이었다. 경이는 한 번도 스스로 공부해야겠다고 마음먹은 적이 없다. 아니, 그럴 필요가 없었다. 어머니가 다 알아서 준비해놓고 있었기 때문이다. 할머니를 병간호하느라 많이 힘들었던 어머니. 이때부터 경이의 온실이 제 역할을 하지 못하면서, 경이는 공부에서 점점 멀어져 갔다.

존재로서 인정해줄 때 아이는 빛을 낸다

적극적인 어머니는 몇 번이나 대면 상담을 하러 휴가를 내고 학교에 왔다. 주로 현장에서 일하는 어머니는 늘 옷차림이 소박하고 수수한 50대 중반의 평범한 이웃 아주머니 같은 모습이었다.

오늘은 특별히 경이, 경이 어머니, 나 이렇게 세 명이서 함께 상담한다. 경이도 어머니도 긴장한 탓인지 한동안 말없이 서로 눈길을 피한다. 경이와 어머니는 함께 눈 마주치며 대화하는 것을 어색해했다.

"어머니, 경이에게 하고 싶은 말씀 하시면 돼요."

"네, 뭐……."

"경이도 어머니에게 하고 싶은 말을 하면 돼."

"모르겠어요!"

우선 그동안의 상담 내용을 이야기했다. 그리고 서로 마음을 전할 기회를 주고자 편지를 교환하기로 했다. 각자 작성한 편지를 나에게 전하면 나는 어머니 편지는 경이에게, 경이 편지는 어머니에게 전달하는 우체부 역할을 했다. 서로 하고 싶은 이야기를 말로 하는 것이 어색해 보였기에 편지라는 형식으로 자신의 마음을 전달하게 한 것이다.

또 한 번은 엄마와 경이, 상담사가 함께 만나 역할극을 했다. 대본을 만들어 각자 역할을 해 나가면서, 상대의 마음에 공감하게 했다. 대화가 어색해진 어머니와 아들이 특별한 경험을 하도록 해주고 싶었다. 대화 방법은 '나 전달법'으로 서로 비난하지 않고, 자기 마음을 전할 수 있도록 했다.

"저는 요즘 엄마가 저 안 믿고, 무조건 다 안 된다고 하는 것 같아 속상해요."

"아, 그렇게 생각했구나."

"엄마는 네가 요즘 엄마랑 눈도 잘 안 마주치고, 네 방에만 가 있으니, 네가 엄마를 싫어하는 느낌이 들어서 서운했어."

"엄마가 싫어서 그런 건 아녜요. 엄마랑 이야기하다 보면 자꾸 싸우게 되니깐, 싸우지 않으려면 피하는 게 낫다고 생각한 거예요."

이런 대화를 통해서 상대에게 자기 속마음을 전달할 수 있다.

어머니에게 앞으로는 경이를 믿어 보라고 부탁했다. 그리고 공부에 초점을 두지 말고 많이 안아주고 칭찬도 해달라고 부탁했다.

칭찬, 격려, 인정을 받은 사람은 자존감이 높다. 칭찬에도 급이 있다고 생각한다. 잘한 것에만 칭찬하는 것은 능력에 대한 칭찬으로, 잘하지 못하는 것은 나쁜 것으로 생각하게 될 수 있다. 존재에 대한 칭찬이 자녀의 자존감을 높여준다.

자녀가 성적이 올랐을 때 부모님은 기뻐서 시험을 잘 본 것만 칭찬하는 경우가 있다. 만약 매번 수학을 50점을 맞는 자녀가 그다음 시험에서 70점을 맞았다고 하자. 이때 "성적이 20점이나 올랐네! 잘했네. 다음엔 100점 맞을 수 있지?"라고 한다면, 이것은 능력에 대한 칭찬으로 자녀는 자신이 잘했다고 생각하기보다는 더 잘해야 한다는 부담감을 느끼게 된다. "엄마가 이렇게 좋은데 넌 얼마나 좋으니! 열심히 노력하더니 참 잘했다."라고 칭찬해주면, 잘한 것의 중심을 '너'에 두면서 존재 자체를 인정하여 자존감을 높일 수 있게 해준다. 존재로서 인정해줄 때 아이들은 빛을 낸다.

칭찬과 격려는 조금 다르다. 칭찬은 주로 성공했을 때 하게 된다. 하지만 격려는 실패했어도 그 과정에서 노력하고 열심히 한 것에 할 수 있다. 그런 실패 상황에서 격려를 받은 아이는 실패를 패배로 받아들이지 않는다. 오히려 자신을 긍정적으로 인지하게 된다. 따라서 실패했을 때도 격려한다면 아이에게 다시 도전할 용기를 심어 줄 수 있다.

어머니는 경이를 사랑한다. 어머니에게 그 마음을 조금씩이라도 표현하도록 했다. 그리고 어머니도 많은 상처가 있었다. 어머니 자신을 위해 심리 상담을 받기를 권유했더니 어머니는 큰 거부감 없이 받아들였다.

경이는 혼자 생각하고 혼자 느끼게 가만히 지켜보는 것이 필요하다. 처음부터 끝까지 스스로 할 수 있도록 믿어주는 것도 필요하다. 물론 경이가 그 믿음을 깰 가능성은 크다. 하지만 어머니가 자신을 믿어주는 경험은 중요하다. 그러한 경험이 한 번 두 번 쌓이다 보면, 경이도 점차 약속을 지키고자 노력하게 될 것이다.

경이에게 자기가 하고 싶은 것을 말해 보게 하니 유도라고 했다. 어머니는 경이가 유도를 하고 싶다고 하는 말을 경청했다. 이러한 노력이 경이를 달라지게 했다. 요즘 경이는 스스로 유도 학원을 알아보고 있다. 기존에 다니던 학원 스케줄과 어떻게 조절해서 다닐지 시간표도 짜고 있다. 이번엔 다부지게 결심하고 최소한 6개월 이상은 지속해서 하고자 장기 프로젝트를 기획하고 있다.

마지막 상담 시간에 경이에게 다시 어머니에게 편지를 쓰도록 했다. 어머니에게 고마운 점을 쓰게 했다. 자신이 경험한 특별하고 소중한 것들을 적게 했다. 현재 자신이 얼마나 많은 것을 편안하게 누리고 있는지를 생각해보고, 부모님의 감사함을 느낄 기회를 주고 싶었다.

상담하고 난 후 어머니는 이렇게 말했다.

"아이의 학습이 부진한 원인과 심리 상태를 이해하는 계기가 되어서 좋았습니다. 또한, 저 자신도 아이를 대하고 훈육하는 방식을 스스로 반성도 하고, 아이를 좀 더 이해하고 우리 사이에 좋은 변화를 가져올 계기가 되어서 좋았습니다."

경이가 변화할 수 있었던 것은 어머니가 자신을 되돌아보았기 때문이다. 경이의 변화 뒤에는 어머니의 노력이 있었다. 이제 어머니도 경이도 서로 이해하면서 편해질 수 있을 것이다. 그 편안함으로 경이는 더는 외롭지도 춥지도 않을 것이다.

경이네처럼 대부분 부모가 먼저 변화하려고 노력할 때 아이들도 변해간다. 하지만 반대의 사례도 있다. 아이가 먼저 변하면서 부모가 변하고 가족이 변하는 것이다. 다음 장에 나오는 송이네 가족이 그랬다. 송이네 가족은 환경이 매우 어려웠다. 경제적으로 어려울 뿐만 아니라 송이가 기대고 의지할 만한 곳이 없었다. 하지만 어린 송이가 가족이 변할 수 있는 단초가 되어 긍정적인 가족의 변화를 일으켰다. 송이는 작은 거인이었다.

> 부모가
> 꼭 알아야
> 할 것

자녀와 가까워지는 1분 대화법

아이가 어렸을 때부터 대화하지 않은 부모는 갑자기 대화하기가 어색할 수 있다. 하지만 대화는 아이의 생각과 마음을 이해할 수 있도록 해준다. 아이가 부모의 생각과 마음을 이해하는 데도 중요하다.

대화가 없는 가정은 오해가 많다. 각자의 환경과 생각의 틀 안에서만 상대방을 이해하고 판단하기 때문이다. 솔직히 어른이 된 지금 10대 아이들을 나의 생각으로 이해하기는 쉽지 않다. 그러나 상담하면서 만난 아이들과 대화한 것이 그들을 이해하는 데 많은 도움이 되었다.

대화는 오랫동안 한다고 해서 좋은 것은 아니다. 그래서 아이와 대화가 어색하고 힘든 부모를 위해 1분 동안 대화할 수 있는 방법을 소개하고자 한다.

❖ **1분이면 마음이 열립니다**

1분은 아빠가 신문 기사 한 개를 다 읽기에도 빠듯하고, 엄마가 좋아하는 노래 한 곡을 듣기에도 부족한 시간. 그러나 아이를 꼭 안아주고 다정하게 말하기에는 충분한 시간입니다.

"사랑하는 ○○아, 요즘 많이 힘들지. 아빠(엄마)가 네 이야기를 많이 들어주지 못해 미안하구나. 사실은 아빠(엄마)도 속상하단다. 하지만 너와 함께 있는 이 시간만큼은 너무 행복하구나."
　　진실을 전하기에 1분은 결코 짧은 시간이 아닙니다.

자녀에게 용돈을 줄 때, 이런 글귀도 함께 봉투에 넣어주세요.
　　"원하는 것을 다 갖기에는 부족할지 모르지만, 슬기롭게 사는 것을 배우는 데는 모자라지 않았으면 좋겠구나."
　　사랑의 크기가 용돈의 액수와 비례하는 것은 아닙니다.

어느 날 자녀가 "나는 잘하는 것이 아무것도 없어."라고 할 때 실망하기보다는 이렇게 말해보세요.
　　"아무것도 없는 게 아니라 아직 모르는 것이겠지. 우리도 가을이 되기 전까지는 국화꽃이 있다는 걸 잊어버리고 살잖니. 네가 정말 잘하는 것이 언제쯤 나타날지 우리 같이 기다려보자꾸나."
　　세상에 잡초는 없습니다. 이름을 몰라 잡초라 부를 뿐입니다.

자녀가 가장 싫어하는 말이 "좀 좋은 친구를 사귀지, 왜 꼭 그런 애를 만나니?"라는 걸 아시나요? 자녀가 사귀는 친구가 걱정스러울 때는 이렇게 말해보세요.
　　"너 같은 친구가 있어서 그 아이는 참 좋겠다. 네 덕분에 그 아이가 마음을 잡았으면 좋겠구나. 엄마는 너희가 서로 도움이 되는 친구가 되길 바란단다."
　　친구 따라 강남 가는 아이가 있으면, 친구를 데리고 강남 가는 아이도 있는 법입니다.

출처: 청소년상담원, 『1분이면 마음이 열립니다』, 작은씨앗, 2003

집중력이 낮은 아이에겐
질책보다 사랑이 필요하다

 학습 부진이 나타나는 데는 여러 원인이 있지만, 보통 산만하다고 표현하기도 하는 집중력 문제에서 비롯될 때가 생각보다 많다. 집중력은 공부하는 데 참으로 중요한 것이다. 수업 시간에 잘 들으려면 선생님의 필기나 텔레비전 화면의 학습 내용, 교과서를 눈으로 잘 봐야 하며, 선생님의 설명, 방송 소리를 귀로 잘 들어야 한다. 이러한 활동은 모두 주의·집중이 필요한 것이다. 눈으로 잘 보는 데는 시각 집중력이, 귀로 잘 듣는 데는 청각 집중력이 있어야 한다.
 호기심이 많은 아이는 가만히 앉아 있을 수 없다. 자신이 궁금한 것은 해결해야만 한다. 그래서 집중이 잘 안 된다. 특히 수업 시간에 다른 데 호기심이 생기면 수업 내용은 뒷전으로 미루고 전혀 듣지를 않는다.

집중이 잘 안 되는 이유에는 여러 가지가 있다. 인지, 심리 정서, 주위 환경, 기능에 문제가 있을 수 있다. 지능이 다소 부족하다면 수업 내용을 이해하지 못해 집중할 수 없다. 우울하거나 불안·분노가 있을 때도, 시각적 지각에 문제가 있을 때도, 글 읽기가 어려울 때도 집중하기가 쉽지 않다.

하지만 집중력은 훈련과 노력으로 향상할 수 있다. 집중력이 낮은 아이에게 "왜 이리 산만하니?", "또 물 마셔?"라고 지적하기보다는 왜 집중이 잘 안 되는지 알아봐야 한다. 그리고 집중력을 방해하는 원인이 무엇인지 찾아본다. 일반적인 아이라면 환경을 먼저 살펴본다. 이때도 부모의 생각과 판단을 우선시해서는 안 되며, 아이의 성향을 파악하는 것이 중요하다. 조용한 환경에서 공부가 잘되는 아이가 있는가 하면, 백색소음이 있을 때 더 집중이 잘되는 아이도 있다. 또 깔끔하게 정리한 책상에서만 집중이 되는 아이가 있고, 책상 위에 다른 책들도 있을 때 더 편안하게 느끼면서 공부에 집중이 잘되는 아이가 있다. 따라서 아이가 공부가 잘되는 환경을 찾으려면 아이와 대화를 통해 하나씩 점검하는 것이 가장 효과적이라 할 수 있다.

그런데 수업 시간에 잘 집중하지 못하는 송이에게는 이러한 것보다 더 중요한 것이 있었다. 송이에게 필요한 것은 사랑과 관심 그리고 인정이었다. 그러한 것들이 조금씩 채워지면서 인지, 언행, 대인 관계, 학습 등에서 변화가 생겨났다.

집중력이 부족한 아이와의 첫 만남

'인정 욕구가 강하며, 수업 시간에 집중을 잘하지 못하고 멍하게 있을 때가 잦으며, 집중하면 공부를 잘하기도 함. 과제는 잘해오나 준비물은 엉뚱한 것을 갖고 오는 경우가 있음. 교우 관계가 원만하지 않으며, 게임 중독이 있는 것으로 보이고, 기초 학습의 결여로 학습 부진이 되었을 것으로 생각됨.'

오늘 만나게 될 송이의 사전 정보다. 나는 아이를 상담하면서 받는 사전 정보는 조심스럽게 참고한다.

오늘은 아주 화창한 날이다. 그 날씨에 맞게 송이는 활짝 웃으며 상담실 문을 열고 들어온다.

"안녕하세요?"

밝은 목소리로 깍듯하게 인사하며 상담실로 들어오는 모습이 신나 보인다. 사전 정보와 사뭇 다른 분위기라서 다소 어리둥절하다.

"안녕하세요?"

"안녕? 네가 송이구나. 만나서 반가워. 우아, 머리도 예쁘게 잘 묶었네, 방울도 귀엽고."

송이는 쑥스러워서 어쩔 줄 모르는 모습이 정말 딱 4학년 여자아이 같다. 송이는 또래에 비해 작은 체구로 긴 머리가 어깨 아래까지 내려온다. 이목구비가 뚜렷하지는 않지만, 오목조목 귀엽게 생겼다.

"안경을 쓴 걸 보니 책 많이 봤나 보네."

"아닌데요, 저 공부 열심히 안 하는데요."

갑자기 공부를 안 한다고 이야기해서 내심 놀랐다. 공부란 단어를 사용하지 않았는데도 책이란 단어가 공부를 뜻한다고 생각했던 모양이다. 학업이 부진한 학생은 공부로 스트레스를 받지 않으리라고 생각할 수도 있다. 하지만 그 아이들도 공부를 잘하고 싶은 마음이 있는 만큼 공부로 스트레스를 많이 받는다. 다만 그것을 마음 깊은 곳에 넣어두고 모르는 척하거나 다른 모습으로 풀어내기도 한다.

아이들은 대부분 비자발적으로 상담을 받는다. 특히 초등학생의 경우 아이들의 의사보다는 학교 선생님이나 부모의 의사에 따라 상담을 시작할 때가 더 많다. 그래서 상담실에 불려온 아이들은 아무 말도 하지 않거나 말을 한다고 해도 "괜찮아요.", "아무렇지도 않아요.", "몰라요.", "네.", "아뇨."라는 말만 되풀이할 때가 많다. 그럴 때마다 안타까운 마음이 든다. 이렇게 자신의 마음을 감추기만 해서는 제대로 된 도움을 받기가 어렵다. 하지만 어떤 모습으로든 자신을 솔직하게 표현하거나 자신이 힘드니까 도와달라고 요청하는 아이에게는 정말 많은 변화가 일어난다.

오늘 만난 송이도 공부에 부정적인 자신의 마음을 표현하고 있어 나는 내심 좋다. 그것은 변화할 가능성이 크다는 것을 의미하기 때문이다. 상담 시간에 송이는 예상대로 이야기를 잘했다. 송이의 밝은 표정과 목소리 때문에 가정환경이 복잡하리라고 생각하지 못하다가 나중에야 알았을 정도다. 송이는 자기 가족을 긍정적으로 생각한다. 가족을 소개할 때 안 좋은 이야기도 부끄러움 하나 없이 거침없이 이야기하는 천진난만한 아이다. 그래서 송이의 이야기만 듣고는 가족의 상황이 잘 이해되지 않았고, 특히 아버지의 행동은 더욱 이해가 되지 않았다. 자세한 내용은 송이 부모와의 면담에서 들어야 했다.

가정환경이 아이에게는 어떤 의미가 있는가

건물에서 사람들이 쏟아져 나오는 초여름의 퇴근 시간. 카페 안에서 나는 창밖을 보며 송이 어머니를 기다린다. 어린아이일수록 가정환경, 특히 부모의 영향을 많이 받는다.

    송이는 가족에 대해 말할 때 자신을 돼지라고 표현한다. 이유는 잘 먹기 때문이라고 한다. 그리고 두 명의 오빠가 있는데, 큰오빠는 너무 무섭고, 작은오빠는 자신에게 잘해준다고 했다. 엄마를 소개할 때는 자신과 닮은 뚱뚱한 하마라고 했다. 그리고 아버지는 해골이라고 표현했다. "아빠가 많이 마르셨나 보네."라는 나의 말에 게임 중독이라서 해골처럼 마르고 무섭다고 했다. 얼마나 말랐으면 송이가 아버지를 그렇게 표현했을까? 하지만 송이는 이마저도 씩씩하게 이야기한다. 참으로 송이네 가족의 모습은 이해하기 어렵다고 생각했다.

    이런저런 생각에 잠겨 있던 나는 두리번거리는 여성을 보았다.

송이 어머니였다. 하지만 송이가 표현했던 어머니의 모습과는 달랐다. 키는 컸지만 덩치가 하마 같지는 않았다.

"늦어서 죄송해요. 길이 너무 막혀서요."

"퇴근 시간이라……, 오시느라 고생하셨어요."

어머니가 많이 어색하고 편치 않은 것 같았다. 서로 간단한 인사를 나누고, 내가 만나고자 했던 이유를 솔직하게 꺼내놓자, 어머니가 체념한 듯 이야기를 시작한다.

"둘째 녀석이 운동을 했어요. 선수 뒷바라지가 금전적으로 만만하지 않았어요. 그때 남편은 사업을 하고 있었는데, 그 일이 잘 안되었어요. 세금도 못 내고서 압류가 들어왔어요."

어머니는 한숨을 내쉬며 한 박자 느리게 다시 어렵게 말을 이어 나간다.

"결국 개인 파산이 되었어요."

또다시 한숨을 내쉬고 찬물을 들이킨다.

"애 아빠는 그렇게 된 후 처음에는 뭐라도 하려고 했는데 잘 안 되다 보니 점차 의욕이 없어졌고, 점점 집에서 보내는 시간이 길어졌어요. 그러다 보니 자연스럽게 게임을 하게 되었고, 이제는 중독이 아닌가 하는 생각도 들어요. 게임을 하면서 지낸 지 10년째예요."

"송이 아버님과는 말씀을 좀 나눠보셨어요?"

"말도 마세요. 가부장적 사고로 꽉 차서 제가 이렇게 하면 어떻겠느냐는 말만 꺼내도 말대답이나 참견으로 생각하고 소리 지르며 난리가 나요."

나는 아직도 그런 남편이 있나 하는 생각이 들었다.

"차라리 제가 그냥 있는 게 애들을 위해서도 좋은 거 같아요. 안 그러면 싸우게 되니까요. 그래서 별말 안 해요."

어머니는 눈에 눈물이 고이는가 싶더니 이내 목소리를 가다듬고 천천히 다시 이야기를 잇는다.

"지금은 또 큰아이가 미대에 가려고 해요. 그래서 학원에 다니는 데 비용이 좀 들어요. 그래서 둘째와 송이는 학원도 못 보내고 있고, 아이들도 좀 챙겨야 하는데 그것도 못 하고 사네요."

큰아이의 미대 입시 준비로 둘째 아이와 송이는 학업 지원을 전혀 해주지 못하고 있다고 했다.

"그래서 그런지 송이의 성적이 작년보다 아주 많이 떨어졌어요. 사실 그 점이 안타깝고 속상하고 미안하고 그래요."

오늘은 송이를 위해서 만난 것이지만, 어머니와 대화하다 보니 어머니의 답답한 마음이 더 안쓰럽게 느껴졌다. 어머니가 상담에 긍정적이고 상담사를 믿으면, 아이에게도 그 마음이 전달되어 아이도 긍정적이고 적극적으로 상담을 받는다. 그리고 어머니가 상담자를 믿는다는 것은 어머니와 함께 송이를 걱정하고 송이의 문제를 해결하고자 노력할 수 있다는 신호다. 이는 송이가 변화할 수 있는 큰 자원이 될 수 있다.

송이네는 어머니가 집에 가야 다른 가족도 밥을 먹을 수 있다고 한다. 그때까지 아버지는 게임만 하고 있으므로 식사도 청소도 퇴근하고 돌아온 어머니의 몫이라고 한다. 그런 이유 때문인지 어머니도 많이 지쳐 보였다. 송이 가족의 저녁 식사 시간 모습이 상상이 된다. 아마 어머니만 종종거리며 저녁을 준비할 것이다.

"송이에게 집에 관해 물었더니 아버님의 술과 담배, 잠자는 공간 문제를 이야기했어요."

"그것까지 얘기했어요?"

어머니는 다소 난처하다는 듯이 되묻는다. 아이들은 자신이 믿는 사람에게는 솔직하다. 그리고 사실 이 솔직함 덕분에 상담에서 많은 도움을 받을 수 있다.

송이는 집은 고약한 냄새가 나고 시끄럽다고 했다. 또 자신의 방을 갖고 싶다고 했다. 초등학교 4학년 여자아이는 자신의 공주 같은 모습을 상상하고, 방도 자신이 좋아하는 모습으로 꾸미고 싶어 한다. 또 이런 자신의 방에 친구도 초대해서 함께 놀고 싶은 마음이 있다. 송이도 그런 초등학교 4학년 여자아이다.

"방이 두 개가 있어요. 큰방을 저하고 송이가 쓰고, 작은방을 남편과 아들이 써요."

"이유가 있나요?"

"컴퓨터 때문이죠, 뭐. 작은아들 방에 컴퓨터가 있거든요. 밤새 게임을 해야 하니까 그렇게 됐어요. 게다가 술과 담배를 그 방에서 다 해요. 그래서 송이가 냄새가 난다고 했을 거예요."

"그럼, 큰아이는……?"

"거실에서 공부도 하고 잠도 자고 해요."

어머니의 말에서 삶의 힘듦이 느껴진다.

"혹시 송이와 대화하거나 함께하는 시간은 갖는 편이세요?"

이 말을 하고 난 뒤 무척 후회되었다. 지금 상황에서 이 질문은 어머니의 가슴을 아프게 하는 것이라는 사실을 뒤늦게 깨달았기 때문이다. 어머니는 잠시 침묵을 지킨 뒤 말을 이어간다.

"사실 거의 못 해요. 집에 와서 집안일 하다 보면 피곤해서 자게 돼요. 그래서 미안하지요."

송이는 어머니에 대해 "엄마는 늦게 들어와요. 그리고 짜증도 많이 내요."라고 말했다.

"그래서 이번에 송이에게 상담도 해주시고 학습 방법도 알려주신다고 해서 너무 좋았어요."

"송이하고 설거지 같은 일을 함께하면서 이야기해보시면 좋을 것 같아요. 학교에서 무슨 일이 있었는지, 누구랑 친한지 등 송이와 관련된 이야기를 해보세요. 이런 대화는 어머니께서 송이에게 관심이 많다는 것을 알려줄 수 있어요. 이때 '왜 그랬느냐?', '그건 잘못했다.', '잘했다.' 등의 말보다는 '그래서 너는 어땠는데?' 등의 질문을 해서 송이의 마음을 들어보세요."

아이와 대화할 때는 행동에만 초점을 맞춰 이야기하기보다 그런 상황에서 어떤 마음이었는지를 물어본다면 아이는 상대방이 자신을 이해해준다고 생각할 수 있다.

"잘할 수 있을지는 모르지만 해볼게요."

"아이와 얼마나 함께 보내느냐보다 어떻게 함께 보냈느냐가 더 중요해요. 그러니 너무 시간에 부담을 느끼지 않으셨으면 해요."

실제로 아이와 오랜 시간 함께 하는 것도 중요하지만, 더 중요한 것은 아이와 보내는 시간의 질이 어떠했느냐는 것이다. 어머니는 고개를 끄덕이며 하루 중 언제가 좋을지 곰곰이 생각한다. 시간 선택이 쉽지 않아 보인다.

"마땅한 시간대가 없네요."

"어머니가 퇴근하시면서 아동센터로 송이를 데리러 가시잖아요? 그때 송이와 함께 집으로 오시면서 이런저런 이야기를 해보세요."

송이는 방과 후에 집으로 가지 않고 지역아동센터로 간다. 어머니는 그곳에서 멀지 않은 곳에 직장이 있어 퇴근 후 들러 송이를 데리고 집으로 간다.

어머니와 헤어진 후 어머니의 적극적인 지원 외에는 송이에게 긍정적 자원이 너무 부족하다는 생각이 든다. 게임 중독인 아버지의 무관심, 부부간의 갈등, 가정의 경제적 문제, 정서적 지지의 부재, 열악한 가정환경.

'그 안에서 송이는 어떤 생각을 하는 걸까?'

자존감은 낮으나 인정받고 싶은 욕구는 강한 아이

상담 시간에 송이의 손가락에 반지가 끼워져 있는 것을 보았다.

"무슨 반지야?"

"반지 아니에요. 그냥 글씨예요."

손가락을 자세히 보니 '김영훈'이란 이름이 약지에 반지처럼 돌아가며 쓰여 있다.

"이거 누구 이름이야?"

"우리 반 회장이요."

"회장이면 인기가 많겠다."

"네, 인기 짱 많아요."

"인기가 짱 많은 영훈이를 송이도 좋아하는구나!"

"아주 잘생기긴 했는데 좋아하진 않아요."

송이가 그렇게 말하며 웃는다.

"손가락에 이름으로 반지를 그려서 커플 반지인가 했네."

"그냥 그린 거예요."

송이는 그렇게 속마음을 숨긴다. 그러면서도 볼이 발그레해진다. 정말 좋아하는 것 같은 모습이 귀여워 나의 입가에 웃음이 머문다.

이렇게 소녀 같고 수줍음이 많은 송이에게 또 다른 모습이 있었다. 송이는 자기보다 공부를 못한다고 생각하는 친구에게는 함부로 대하는 경향이 있었다. 예를 들면 친구에게 모르면서 아는 체한다고 반 아이들 앞에서 지적하거나 무안을 주며 무시하는 말을 한다. 선생님이 있는 수업 시간에도 마찬가지였다. 선생님의 지시로 일어서서 책을 읽는 아이가 틀리면, 틀렸다고 지적하고 놀리기까지 했다. 더구나 자신도 딴짓하고 있었으면서도 딴짓하는 친구들을 향해 계속 비난했다. 이러한 행동과 말은 수업 시간과 쉬는 시간을 구별하지 않았다. 그러다 보니 수업이 원활하게 진행되기 어려울 때가 있었고, 친구와의 관계도 원만할 수 없었다.

좋아하는 회상이 딴짓할 때에도 지적하는지 궁금해졌다. 하지만 지적하는 대상은 자신보다 공부를 못하는 아이였다. 즉 자신보다 약한 친구에게 자기 힘을 과시하려고 하는 것처럼 보였다. 그렇지만 송이는 나에게 친구들이 자신을 싫어한다고 자주 하소연했다. 자신이 어떤 행동을 하고 있는지 잘 모르는 듯했다.

이런저런 송이의 모습을 이해하고자 간단한 심리검사를 해보니 큰 문제는 나타나지 않았다. 하지만 학습과 관련해서는 학습 행동이 좋지 않았다. 수업과 관련하여 묻는 문항에서는 학교 선생님이 말한 것과는 정반대로 수업 시간에 수업을 잘 듣고 있고, 선생님에게 지적도 별로 안 받고, 친구들 일에 끼어들거나 참견하지도 않는다고 나왔다. 이 검사는 스스로 작성하는 자기 보고식 검사라서 송이가 생각하고 느끼는 대로 표시한 것이라 학교 선생님의 의견과 다를 수 있다. 얼마 전 여러 친구가 함께 활동하는 날에도 친구들이 하는 활동에 참견하고 잔소리하는 바람에 정작 송이는 시간 내에 다할 수가 없었다. 그래서 끝마치려고 하자 송이가 "안 돼요. 난 아직 못 했단 말이에요."라며 소리를 지르고 대성통곡했다고 한다.

송이는 자존감은 낮은데, 인정받고 싶은 욕구는 강했다. 그리고 도움이 필요한 친구들을 괴롭히고, 별것 아닌 것을 학교 선생님에게 자주 이르고는 선생님의 반응을 살피는 아이였다.

아이의 집중력을 높이는 재미있는 활동

초기 상담에서 나는 송이가 표현력이 좋고 유머가 있는 아이라고 생각했었다. 그 모습이 상담이 진행되면서 더 잘 나타났다.

"선생님, 인피니트 아세요?"

"알아. 송이도 아니?"

"전 인피니트 팬이에요. 인피니트 노래는 다 알아요."

"가사를 다 외웠어?"

"네, 부를 줄 알아요. 불러볼까요?"

갑자기 일어서더니 노래를 부르고 춤을 추기 시작했다. 아주 잘하는 것은 아니지만, 곧잘 했다. 가사를 잘 외우는 송이를 보면서 학습에서 필요한 암기력이 나쁘지 않으리라고 생각했고, 이것이 송이의 강점이 될 수 있다는 확신이 들었다. 수업 시간에는 집중력이 없다고 했지만, 게임을 하면서 보여주는 순간 집중력은 좋은 편이었다.

"오늘은 뭐 할 거예요?"

"숨은그림찾기야. 해볼래?"

집중하는 시간이 짧은 송이에게 놀이와 게임을 접목한 활동으로 집중하는 시간을 늘리고 효율적으로 학습하는 데 도움을 주려고 한다. 숨은그림찾기는 주의 집중뿐만 아니라 관찰력까지도 기를 수 있다. 하지만 숨은그림찾기에도 수준이 있어서 송이에게 맞는 것을 찾아야 했다.

"우아, 빨리하네."

"너무 쉬워요."

"송이가 집중을 잘하고 관찰하려고 노력한 결과야. 이번에는 한 단계를 높여볼까?"

"네."

한 번의 성공과 칭찬으로 송이는 자신감이 있는 목소리로 대답했다. 이런 작은 성공이 자주 일어나면서 조금 어려운 문제를 접하게 되어도 포기하기보다는 도전하고자 하는 마음이 더 생기게 된다. 이렇게 한 단계를 높여서 하자고 할 때 아이들은 다소 긴장하면서도 의지를 보인다. 이런 모습을 나는 '귀여운 긴장'이라고 부른다. 한두 개가 잘 안 찾아지는 모양이다. 이런 활동을 할 때 나도 함께한다. 그래서 이런 순간에는 표시 안 나게 힌트를 준다.

"이런 모양이면 여기쯤 있을 거 같은데, 왜 안 보이지?"

"찾았다."

"어디? 선생님도 알려줘."

그러면 송이는 친절하게 알려주며 성취감을 느낀다. 이 순간을 놓치지 않고 칭찬을 꼭 해준다.

숨은그림찾기 이외에도 다른 집중력 훈련을 상담 시간마다 시켰다. 예를 들면 '컵 네 개 속에 있는 각기 다른 말의 색을 알아맞히기'를 했다. 이 게임은 컵 속에 각각 다른 색의 말을 놓고, 몇 번 자리를 옮긴 후 컵 안의 말 색깔을 알아맞히는 것이다. 송이는 컵 네 개 속의 말 색깔을 모두 기억해냈다. 또 하나는 열다섯 개의 카드를 하나하나 읽히며 순서대로 펼쳐놓은 뒤, 자리와 글을 기억하는지 알아보고자 카드를 뒤집어놓고 말하게 하는 것이다. 송이는 열다섯 개까지 한 개도 틀리지 않고 척척 알아낸다. 초등학생으로서는 놀라운 집중력과 기억력이다.

아이가 집중력이 부족한 경우에는 재미있는 놀이로 시작하여 성취감을 느끼게 하는 것이 효과적이다. 아이들도 자신이 학습할 때 집중이 안 된다는 사실을 깨닫는 것은 중요하다. 이 사실을 깨닫게 되면 다시 집중할 수 있도록 자신에게 주의를 환기할 수 있다. 이러한 생각도 연습이 필요하다.

주의가 산만하고 집중하지 못할 때 사용하던 방법이 신호등 놀이였다. 공부나 해야 할 일에 집중하지 못할 때 빨강 신호등을 보여주어 하던 일이나 생각을 멈추도록 한다. 그다음에는 노랑 신호등을 보여주는데 이것은 다른 일을 했다는 것, 다른 생각에 빠져 있었다는 것을 깨닫도록 하는 시간이다. 마지막으로는 파랑 신호등은 원래 하던 일로 돌아가 집중하는 것이다. 이 놀이는 한 번으로 끝내기보다 아이와 여러 번 반복하여 놀이하며 아이가 자연스럽게 자신이 집중하지 못하고 있다는 것을 깨닫고 해야 할 일로 돌아갈 수 있도록 한다.

집중은 심리의 영향도 받는다. 심리적으로 불안정하여 집중이 안 될 때에는 경우에는 집중력 향상을 위한 훈련보다 심리적 안정을 찾도록 하는 것이 우선되어야 한다. 학습 동기가 부족하여 집중이 안 될 때도 있다. 이때는 자신이 공부하는 이유를 먼저 생각하고, 그 목적을 찾아내야 한다. 또 다른 집중력 훈련 방법으로는 숫자·한글·알파벳을 순서대로 찾기, 미로·다른 그림·숨은 그림을 찾기, 숫자 정글, 수 세기, 수 계산하기, 끝말잇기, 듣고 말하기, 한 발로 서 있기, 펜 세우기, 눈싸움, 한 점에 눈 고정하기, 가만히 앉아 있기 등이 있다. 자녀와 함께 이러한 활동을 매일 꾸준히 하다 다면 집중력을 향상하는 데 효과적일 뿐만 아니라 부모와 자녀 사이의 관계도 좋아지며 심리 정서에도 도움이 된다.

재미있는 활동으로 송이에게 생긴 흥미와 능력을 학습으로 어떻게 연결해야 할지 고민이 되었다. 첫 만남에서 단순히 책을 언급했는데도 공부에 관한 이야기로 받아들였던 송이였기 때문이다. 고민 끝에 플래너에 많은 시간을 투자하기로 했다. 플래너는 매일매일 기록하면서 자신의 노력을 눈으로 볼 수 있는 장점이 있다. 그래서 간단하고 재미있게 구성된 것으로 선택하여 송이가 끝까지 할 수 있도록 재구성했다.

"이거 제 거예요?"

"그럼, 이거 송이 거야. 그러니까 마음대로 꾸며도 돼."

"정말요?"

나는 재미가 있어야 하는 송이를 위해 예쁜 스티커와 도장도 준비했다. 역시 송이는 먼저 자신의 것이라고 표시하기 시작했다.

"송이야, 여기에 매일 선생님이 수학 문제를 내주려고 하는데 송이가 풀 수 있을까?"

"수학이요? 나 잘 못 하는데."

목소리가 작아졌다.

"세 문제 정도 낼 거야. 그리고 동화책도 읽으면 여기에 내용을 간단하게 적는 건데."

"동화책은 할 수 있는데……, 수학은 좀 별로예요."

"그럼 선생님이랑 지금 한번 해보고 결정하자."

나는 송이가 풀 수 있는 쉬운 문제 세 개를 내준다.

"아, 이거요? 지금 다 풀어도 돼요?" 송이는 문제를 보더니 자신이 할 수 있다고 생각한 모양이다.

"원래 집에서 해야 하는데, 그럼 한 문제만 해봐."

송이가 풀어낸 것에 분홍색 동그라미를 그려주자 문제가 너무 쉽다고 난리다. 하지만 오늘은 이 수준으로 마무리한다.

매일 송이에게 숙제를 내주었는데, 송이는 그 숙제를 빠짐없이 꼬박꼬박 해왔다. 다행히 송이는 문제를 맞히는 즐거움을 알아가기 시작했다. 숨은 그림과 마찬가지로 단계를 높이면서 예습과 복습을 할 수 있는 문제를 내주었다. 하지만 이 과정이 쉽지는 않았는지 그만하고 싶은 표정이 역력했다.

"힘들어?"

"그건 아니지만, 좀 재미없어요."

재미가 중요한 송이가 지루해진 모양이다. 여기서 멈추면 시작 안 한 만 못해질까 봐 걱정된다.

가정과 교실의 지지가 날개를 만든다

"동화책 읽기를 엄마하고 함께하면 어떨까?"

"엄마가 시간이 없을 거 같아요."

송이가 시무룩한 표정으로 대답한다. 송이도 어머니가 아주 바쁘고 힘들어서 자신과 함께할 수 없음을 안다.

어머니께 전화로 짧은 시간이라도 좋으니 함께 동화책을 읽어달라고 부탁했다. 다행히도 어머니는 자신이 할 수 있는 것은 무엇이든지 하려고 했다. 아마 이 시간이 어머니에게는 기쁘고 행복한 시간이기도 하고 자신의 피로를 참아내야 하는 인내의 시간이기도 할 것이다.

다음 상담 시간에 송이는 플래너를 기분 좋게 펼쳐 보인다. 어머니와 읽은 동화책 내용이 적혀 있다.

"엄마와 함께 읽은 거야?"

"네, 엄마랑 읽으니까 더 재미있어요."

송이는 어머니를 무척 좋아했다. 하지만 어머니와 함께하고 싶은 마음은 꾹꾹 눌러왔었다. 송이가 어머니와 책 읽기를 함께하면서 자신이 관심을 받고 있다고 느끼게 된 것이 변화의 시작이었다.

"우리 아빠 이제 게임 안 한대요."

"그래?"

"사실은요, 내가 아빠는 게임만 한다고 선생님한테 일렀다고 했어요."

무슨 상황인지 이해가 가지 않았다. 어머니에게 송이의 상담 내용을 이야기하고자 통화하면서 물어보았다. 송이 아버지는 송이가 자신을 그렇게 생각하고 다른 사람에게 이야기한다는 사실을 알고 많이 부끄러워했다고 한다. 아마 아버지는 다른 사람이 자신을 어떻게 보는지에 신경을 많이 쓰는 사람인 것 같다. 그리고 송이가 조금씩 변화하는 모습을 보면서 컴퓨터 게임을 그만하기로 마음먹고 가정 내에서 부업을 시작했다고 한다. 보통은 부모님의 변화가 자녀의 변화로 이어지게 마련이다. 하지만 송이네는 반대로 아이의 변화를 보면서 부모가 자신의 모습을 돌아보고, 아이도 저렇게 노력하는데 자신이 이렇게 살면 안 될 것 같다고 생각하게 되었다. 그러면서 아버지도 변화하기 시작했다.

상담하던 송이는 나를 쳐다보지 않고 어두운 목소리로 조심스럽게 말을 꺼낸다.

"저, 선생님. 혹시 다음 주 화요일에 학교에 와주실 수 있으세요?"

"무슨 일 있어?"

"저, 그날 방송 댄스 발표회예요. 그런데 아무도 올 수가 없대요. 다른 친구들은 엄마가 온대요."

그런 날에 혼자 있기 싫고, 다른 친구들처럼 꽃도 받고 싶었으리라고 생각한다.

"선생님이 가도 될까?"

"정말이요? 진짜 오시는 거죠?"

송이가 정말 진심으로 좋아하는 듯했다. 그리고 나를 진정 자기 편에 있는 사람이라고 생각하는 것 같아 다행이었다.

나는 학교 행사에 참석했다. 송이의 말대로 다른 친구들은 어머니가 와서 아이들이 춤추는 모습을 사진으로 남기려고 열심히 사진을 찍는다. 나는 아들만 키워서 이런 행사는 어색하기도 하고, 신기하기도 했다. 나도 열심히 송이 사진을 찍는다.

공연이 끝나고 만난 송이는 나를 반갑게 맞이하면서도 다른 친구들을 부러운 듯이 바라본다. 그런 송이에게 찍은 사진을 보여주고, 잘 나온 사진을 송이 어머니에게 보내주었다. 그러자 어머니는 전화를 해서 자신이 오지 못한 것에 미안한 마음을 연신 표현한다.

그 표현은 내가 받을 것이 아니었다. 어머니가 송이에게 그 미안한 마음을 전하도록 했다. 송이는 속이 상했을 텐데도 어머니에게 밝은 목소리로 자신이 얼마나 춤을 잘 추었는지 자랑한다. 속이 깊은 어린아이였다.

송이는 상담 과정에서 점점 좋은 모습을 보여줬다. 이제 상담할 때의 좋은 모습이 밖으로 확장되어야 할 때가 온 것 같았다.

송이가 학교에서도 변화해야 한다고 생각할 즈음에 선생님에게서 연락이 왔다. 송이가 조금 달라진 듯하다고 한다. 하지만 여전히 규칙을 잘 지키지 않고, 수업 시간에 방해가 되는 행동도 하고, 교우 관계도 원만하지 않다는 것이다. 그래서 선생님은 고민이 많았다.

선생님과 의논하여 송이가 학교생활에서 지켜야 할 항목을 정했다. 그리고 송이가 그 덕목을 잘 실천할 때마다 선생님이 매일매일 스티커를 상으로 주어서 잘한 행동을 더 잘할 수 있게 하기로 하였다. 그 후 선생님에게 스티커를 몇 개 받았는지가 송이의 자랑거리가 되었다. 송이 자신은 깨닫지 못하지만, 받은 스티커 개수만큼 학교생활 태도가 달라지고 있었다.

송이에게 피그말리온 효과가 나타난 것이다. 피그말리온 효과 Pygmalion effect는 누가 자기에게 기대를 두고 사랑해주면, 그런 기대에 부응하고자 노력하는 것이다. 이와 반대로 스티그마 효과 Stigma effect도 있다. 이것은 일명 낙인 효과로 한 번 다른 사람에게 나쁜 사람으로 찍히면, 자기 스스로 나쁜 행동을 하게 된다는 것이다. 이를 보면 아이에게 어떻게 대해야 할지는 분명해진다. 송이는 학교와 가정에서 자신에게 거는 기대로 날로 발전하는 중이다.

아이의 걸음에 맞춰주는 부모가 아이에게 자신감을 심어준다

상담이 끝나고 나면 송이는 혼자 자기 일을 해내야 한다. 송이가 잘 하리라고 생각하면서도 내심 걱정되는 것도 사실이다.

송이는 오늘 웃으면서 가져온 일기장을 먼저 보라고 내밀며 들뜬 목소리로 성화를 낸다.

"우아, 주말에 음악회에 다녀왔구나. 무슨 음악회?"

"여기 읽어보세요. '미술 대회 우승 기념'."

송이가 자신이 다니는 지역아동센터에서 주최하는 미술 대회에 나가 상도 받고 우승 상금도 받았다고 한다. 송이는 자기 상금을 모두 어머니에게 주었는데, 그 상금으로 가족이 함께 음악회에 가고 외식하고 자전거를 샀다고 한다.

갑자기 소름이 돋았다. 자신이 받은 상금을 어머니에게 준 송이의 마음이 기특했다. 그리고 그 상금으로 가족이 함께할 수 있었다는 것도 놀라웠다. 아버지도 어머니도 가정을 정상적으로 만들어가고자 노력하고 있다. 어린 소녀가 아주 큰 일을 해낸 것 같다.

송이의 변화는 교실에서도 일어났다. 스티커 활동으로 생활태도가 나아지면서 수업 시간에 선생님의 설명을 듣고 필기하는 시간이 늘어났다. 또 다른 친구들을 지적하는 일도 줄어들면서 교우 관계도 점차 좋아지고 있었다. 이렇게 가정과 교실에서 송이를 지지해주자 아이의 심리 정서와 행동에 긍정적인 변화가 일어나고, 성적 향상으로 연결되었다. 더불어 송이 아버지도 술, 담배는 줄이고, 게임은 끊게 되었다. 그리고 송이에게 무관심하던 예전과 달리 요즘은 직접 지역아동센터에 가서 송이를 데리고 오기도 한다. 송이에게도 아버지와 가까워질 수 있는 시간이 생겨난 것이다. 그런 변화로 어머니도 삶의 의욕을 찾아가고 있었다.

처음 만났을 때 송이는 원하는 것이 어그러지면 주변의 시선은 아랑곳하지 않고 주위가 떠나가라 우는 아이, 수업 중에 딴생각이나 딴짓을 하다 빈번하게 지적받는 아이, 친구도 별로 없으면서 소위 잘나가는 아이들과 어울리고 싶어 하는 아이, 춤추는 것을 좋아하고 활동적인 아이, 남을 잘 웃게 해주는 아이, 자존감은 낮은데 인정받고 싶은 마음은 큰 아이, 학습에 흥미가 없고 노력하지 않는 아이였다. 하지만 나는 송이와의 마지막 상담이 지금은 전혀 걱정되지 않는다. 송이는 이제 수업 시간에도 집중하는 시간이 늘어나고, 자존감도 높아지고, 친구들과 잘 지내려고 노력하게 되었다. 오늘도 송이는 웃으면서 상담실로 들어온다. 이젠 송이가 누군가에게 보이고자 억지로 크게 웃는 것이 아닌 정말 행복한 마음에서 크게 웃게 되어서 다행이다.

송이와의 상담이 종결되고 시간이 흘러 우연히 송이가 다니던 학교에 다른 일로 가게 되었다. 송이가 궁금해졌다. 항상 전화로 송이의 일을 의논하던 학교 선생님을 찾아가 송이의 근황을 물어봤다. '내 그럴 줄 알았다.'라는 생각이 들었다. 1년이 지난 지금 중요 과목은 모두 90~100점을 받고, 또 친구들과도 잘 지낸다는 것이다. 송이는 이제 혼자 설 수 있게 된 것이다. 교문을 나서면서 그때를 회상해보니 부모님, 선생님, 나는 송이를 위한 든든한 지원자 트라이앵글이었음을 새삼 깨닫게 되었다.

송이처럼 인지와 심리 정서에 큰 문제가 없는데 호기심이 많고 집중력이 모자라서 오는 학습 부진이라면 충분히 극복할 수 있다. 기대와 사랑, 그리고 관심으로 자녀를 대하면 그들의 인지, 정서, 언행까지도 변화시킬 수 있다. 이때 중요한 것은 부모의 욕심을 버리고 현재 자녀의 학습 수준이나 집중력이 어느 정도인지 알아내야 한다는 것이다. 자녀의 현재 수준이 바로 시작점임을 명심해야 한다. 송이 어머니는 자녀의 부족한 부분을 인정하고 또 적극적으로 나와 발을 맞춰서 많이 노력했다. 이런 노력은 송이에게 자신감을 심어주었다. 이러한 부모의 노력은 학습뿐만이 아니라 진로에서도 중요하다. 내 아이가 무엇을 좋아하는지, 무엇을 잘할 수 있는지를 관찰해야 한다. 특히 아이가 자신이 잘하는 것이 무엇인지 알지 못할 때는 더욱 중요할 것이다.

> 부모가 꼭 알아야 할 것

주의력이 부족한 아이를 어떻게 도와줘야 할까

주의력 결핍(Inattentive)은 아동기에 많이 나타나는 장애다. 이런 아이들은 지속해서 집중할 수 있는 주의력이 부족한데, 조용한 아이라고 할지라도 나타날 수 있고, 행동력이 지나치고 말이 많은 산만한 아이에게서도 나타날 수 있다. 이런 아동은 자극에 선택적으로 주의를 집중하는 것을 어려워하고, 지적한다 하더라도 잘 고쳐지지 않는다. 따라서 선생님의 설명을 듣고 있다가도 다른 소리가 나면 금방 그곳으로 시선이 옮겨가고, 시험을 치는 중에도 문제를 끝까지 읽지 않고 풀다가 틀리는 등 한 가지에 오래 집중하는 것을 어려워하는 경향이 있다. 아이들은 집중력에 따라서 학교 적응력이나 학습 수준에 많은 차이가 날 수 있다.

집중력을 향상하는 방법은 다양하다. 먼저 무엇이든 한곳에서 하는 규칙을 정하고 지키도록 한다. 둘째, 스스로 정리·정돈하는 습관을 갖도록 한다. 셋째, 활동을 집중적으로 한 후에 휴식을 취하도록 한다. 넷째, 자세를 바르게 한다. 다섯째, 규칙적으로 생활한다. 여섯째, 시간 개념을 갖도록 한다. 일곱 번째, 책이나 교과서를 읽을 때 표시하면서 읽도록 한다. 여덟 번째, 반복해서 훈련한다. 위와 같은 방법 등으로 집중력을 키울 수 있다.

❖ **주의력 결핍 체크리스트**

아래 내용을 항목마다 자세히 읽고 해당하는 항목을 표시해보세요.

1. 부주의해서 잘 실수한다.
2. 집중을 오래 유지하기가 어렵다.
3. 다른 사람 말을 끝까지 경청하지 못하고 중간에 끼어드는 일이 잦다.
4. 과제나 시킨 일을 끝까지 완수하지 못하고 중도에 끝내는 일이 많다.
5. 계획을 세워 체계적으로 하는 데 어려움이 있다.
6. 지속해서 정신을 집중하여 필요한 공부나 숙제 등을 해야 하는데, 하기 싫어하거나 회피하려 한다.
7. 필요한 물건을 자주 잃어버린다.
8. 외부 자극에 쉽게 정신을 빼앗긴다.
9. 일상적으로 해야 할 일을 자주 잊어버린다.

이상 아홉 개의 항목 중 최소 여섯 개 이상의 증상이 6개월 이상 동안 지속해서 나타나면, 주의력 결핍 장애(ADD, Attention Deficit Disorder)를 의심할 수 있다(미국정신의학회 DSM-4 기준). 만약 그렇다면 전문 기관을 찾아 정확한 진단을 받아보는 것이 좋다.

사랑과 관심으로
극복한 난독증

 청소년을 대상으로 하는 상담은 학교생활에 잘 적응하도록 하는 데 목표를 두는 경우가 많다. 심리 정서에 문제가 있어 학교생활이 어려운 아이가 있다. 어떤 심리적 어려움을 겪고 있는지 그 영역을 찾아내는 것이 필요하다. 아이가 힘들어하는 문제가 어느 정도 해소되면 학교생활을 잘하는 모습을 자주 보았다. 학교생활에 잘 적응하면 공부에도 관심이 생겨 성적이 높아지기도 한다. 하지만 공부해야겠다고 생각하면서도 공부를 어떻게 해야 할지 몰라 고민하다 다시 자존감이 낮아지기도 한다. 이럴 때는 아이의 성향에 맞는 학습법을 알려주어 공부에 자신감이 생기도록 한다. 그리고 그 학습법을 계속 실천해서 성적을 향상할 수 있도록 지지한다.
 그러나 성적이 청소년기에는 중요하지만, 인생에서 가장 중요한 것은 아니다. 명문대를 나왔다고 모두 다 성공하는 것은 아니라는 말을 종종 듣는다. 성공한 사람 중에는 학교 성적은 비록 낮지만, 자신의 재능을 잘 찾아서 노력한 사람들이 있다. 가드너 Howard Gardner 의 다중지능이론에서는 아이들이 각자 태어난 재능을 살펴서 그 재능을 키울 때 꿈을 이룰 수 있다고 했다.

 요즘 아이돌을 보면 다양한 재능이 있다. 그러한 아이들에게 춤과 노래는 하지 못하게 하고 억지로 공부하기만을 강요한다면 설사 좋은 성적을 받아 명문대에 입학하게 된다고 하더라도 그들은 원하는 것을 할 때보다 행복하기는 어렵지 않겠느냐고 생각해본다. 그들은 자신의 재능을 잘 살폈고, 그 재능을 키우고자 많은 노력을 했다. 그렇게 노력하면서 힘들어서 지칠 때도 있었겠지만, 좋아하는 일이고 잘 할 수 있는 일이어서 그 힘든 과정을 끝까지 해낼 수 있었으리라고 생각한다.

 하지만 누구나 자기 재능을 쉽게 찾아내는 것은 아니다. 그래도 부모와 함께 찾는다면 더 좋은 결과를 얻을 수 있다. 이때 부모는 자신의 욕심을 누르고 아이를 잘 관찰해야 한다. 부모의 격려나 칭찬은 아이가 자신의 재능을 발견하는 중요한 단서가 될 수 있다. 그 재능은 아이의 진로가 된다.

 수영이는 공부를 열심히 하려고 하지만 잘하지 못했다. 그래서 항상 기운이 없어 보이고 자신은 공부를 못하는 사람, 아무것도 할 수 없는 사람으로 생각하며 학교에 다닌다. 하지만 우연히 노래를 잘한다는 칭찬을 듣고 자신의 재능을 알게 되어 그 길을 선택하려고 노력하고 있다.

아무리 노력해도 공부한 내용을 기억하기 어려워요

무언가를 고민하는 듯한 모습의 아이였다. 수영이는 자신이 공부를 잘했었던 때를 기억한다. 하지만 그 기억이 좋지만은 않다고 했다.

"초등학교 6학년 때 정말 너무너무 열심히 해서 높은 성적을 받았어요. 하지만 나 자신에 대해 좀 실망했어요. 그리고 바보 같다는 생각이 들었어요."

"그래? 왜 그랬을까?"

"공부해도 기억이 잘 안 났어요. 그래서 외워질 때까지 계속하라던 엄마의 말이 생각나서 반복하고 또 반복했어요. 다행히도 시험 볼 때는 기억이 나서 시험은 잘 볼 수 있었어요. 그런데 시험이 끝나고 나니 아무것도 기억이 나지 않았어요. 내가 왜 그렇게 힘들게 외웠는지 잘 모르겠더라고요."

수영이는 내용이 이해도 되지 않는 상황에서 성적을 올리고자 무조건 반복하고 반복했던 그때가 너무 힘들었다는 것이다. 사실 지금도 잘하고 싶은 마음은 크지만, 초등학교 6학년 때 기억 때문에 공부를 시작할 엄두가 나지 않는다고 했다. 마치 공부를 포기한 듯 보였다.

"지금은 너무 지쳤어요. 공부는 해도 잘 안 되고 저랑은 안 맞는 거 같아요."

수영이는 내가 자신을 걱정스럽게 보는 것을 느낀 것 같았다.

"공부가 중요한 거 알아요. 그래서 공부를 하긴 할 거예요."

공부하려는 마음은 있지만, 공부할 수 없는 수영이에게는 좀 특별한 이유가 있었다.

상담하면서 공부하는 방법을 배울 수 있는 활동을 해보자고 제안하자 수영이는 흔쾌히 좋다고 하면서 시도해보겠다고 한다. 그래서 방법을 알려주고 연습한 후, 과제를 내주었다. 하지만 기대와는 달리 수영이는 다음 상담에 와서 죄송하다는 말과 함께 도저히 할 수 없었다고 했다. 처음에는 수영이가 상담에서 좋은 인상을 주려고 상담 시간에는 열심히 하는 척하지만, 실제로는 하고 싶지 않아서 거짓말하는 것이 아닐까 하는 생각도 들었다.

책 읽기 어려워하는 아이

혹시 공부 방법이 비효율적이었을까? 아니면 노력에 비해 결과가 나빠서 단순히 실망한 것일까? 여러 생각을 하면서 우선 학습 방법을 알려주면서 원인을 찾기로 했다. 수영이는 음악을 좋아한다고 했다. 그래서 수영이가 좋아하는 음악과 관련한 책을 선정하여 오늘부터 다시 시작했다.

"수영아, 오늘부터 학습 방법을 알아보자. 수영이가 잘할 방법을 찾아서 연습하면 공부가 예전보다 수월해질 거야."

수영이는 내가 생각했던 것보다 책 읽기가 잘 안되었다. 사실 책을 읽기 전부터 힘들어하는 모습이었다.

"책 읽는 거 힘드니?"

"사실 저는 책을 읽을 때 맨 처음 두 장을 어떻게 이해했는가에 따라 끝까지 읽기도 하고 그만두기도 해요. 그래서 대부분 책은 거의 다 읽지 못했어요."

수영이는 글을 읽고 이해하는 데 남들과 다른 어려움이 있는 것으로 보였다.

"저는 컴퓨터 화면을 오래 못 봐요. 한참 보고 있으면 눈도 아프고 머리도 너무 아파요."

"보통 너무 오래 화면을 보면 그런 증상이 오기도 하는데."

"저는 핸드폰 게임도 못 해요. 그래서 카톡도 필요할 때만 하는 편이예요. 책을 읽다 보면 눈이 너무 아파서 책을 읽고 싶어도 읽을 수가 없어요. 또 읽어도 무슨 내용인지 모를 때가 많아서 한참 읽다가 그만둘 때도 자주 있어요."

"혹시 책을 읽을 때도 머리가 아프니?"

"그런 편이예요."

책을 읽을 때 눈이 아프면, 머리도 아파진다. 머리가 아프면 당연히 책 읽는 것에 집중할 수 없다. 힘들게 읽는다 해도 책의 내용을 이해하기는 사실상 어렵다.

    책 읽기가 어려운 아이들의 원인을 분석해놓은 책이 있다. 시지각 기능에 이상이 있으면 눈이 불편하여 책을 오래 읽지 못하게 된다는 내용이다. 또 읽는 속도가 느리고, 읽더라도 단어나 조사를 빠뜨리게 되어 원활하게 읽은 것을 이해하기 어렵다. 그러다 보면 지적을 받게 되고 읽기를 점점 멀리하게 된다. 눈으로 읽기는 하나 내용의 맥락 연결에 어려움이 있을 수도 있다. 그러다 보면 한참 후에는 다른 내용이 뒤섞여 의미 파악이 어렵게 된다.

    수영이도 한참 글을 읽다 보면, 앞의 내용이 무슨 내용인지 금방 잊어버려서 다음 내용과 연결하지 못한다. 이해하려면 반복해시 읽어야 하고, 그러다 보니 쉽게 지치게 되는 것이다. 수영이는 컴퓨터나 휴대전화도 오래 볼 수 없다고 했다. 이는 빛과 관련된 문제로 시지각 이상으로 나타나는 문제일 수도 있다.

    수영이는 자신이 책을 읽는 것에 이런 문제가 있다는 사실을 알지 못했다. 수영이 부모님도 이런 이유로 책을 읽지 못할 수도 있다는 사실을 알지는 못했을 것이다. 병원 진단을 받지는 않았지만, 상담 중에는 임상 경험을 바탕으로 그럴 가능성을 배제하지 않고, 상담을 진행했다. 두뇌가 정보를 받아들이고(시지각, 청지각, 공감각, 신체감각) 받아들인 정보를 처리하여(인지, 이해, 분석, 판단, 통합, 저장), 말이나 글, 행동으로 표현하는 두뇌의 정보 처리 과정에 어떤 문제가 있는지를 염두에 두어야 한다.

수영이는 이러한 기능적 문제로 공부하려고 해도 지속해서 할 수 없었을 가능성이 크다. 그런데 수영이 어머니는 "우리 수영이가 마음만 먹으면 잘할 텐데 안 해요."라고만 한다. 그냥 단순하게 수영이가 공부할 만한 동기가 없어서 안 한다고 생각하는 듯하다.

부모가 자녀를 보면서 "공부를 조금만 열심히 해주면 될 것 같은데.", "머리는 좋은데."라고 생각하기도 한다. 많은 부모는 자녀의 학습 동기와 노력만 탓한다. 공부를 잘하지 못하는 이유에는 심리적인 원인뿐만 아니라 기능적인 원인도 있음을 알아야 한다.

간단한 예로 책을 보면 눈이 쉽게 피로해져서 공부하는 데 어려움을 겪을 수 있다. 이럴 때에는 시지각 인지의 문제가 있을 수도 있다. 학습 정보를 눈, 귀, 손 등 감각 기관을 통하여 입력하여 두뇌 각 부위를 거쳐 출력하는 전 과정 중 어느 부분에서 기능상 문제가 있는지, 이것이 학습과 관련될 때 어떤 현상이 일어나는지를 아는 것만으로도 아이에게 도움을 줄 수 있다.

우리가 잘 아는 톰 크루즈도 이러한 기능상의 문제인 난독증을 앓고 있지만, 연습과 훈련을 통해 대본을 암기하여 멋진 배우로 지금까지 활동하고 있다. 만약 톰 크루즈가 자신에게 이런 문제가 있다는 것을 알지 못하고 좌절만 했다면 어떻게 되었을까? 자녀들이 학업에서 좌절을 느낄 때 열심히 하지 않아서라고 하며 아이 탓으로만 돌리기보다 근본적인 원인을 찾는 것에 적극적이어야 한다. 기관이나 병원을 찾기에 앞서 자녀의 나이에 따른 발달 모습의 관찰과 이해가 선행되어야 할 것이다. 그리고 따뜻한 이해와 관심이 제일 좋은 치료제임을 기억해야 한다.

수영이는 읽기에 어려움이 있다는 것을 이해받지 못하면서 자신을 '공부를 못하는 나', '공부해도 안 되는 나', 그리고 주위 어른들의 피드백 때문에 '공부를 안 하는 나'로만 생각하고 있었다.

나는 수영이에게 이런 이유로 학습에 어려움이 있을 수 있다는 것을 어떻게 알려주어야 할 것인지를 고민했다. 만약 자신이 공부를 열심히 해도 잘 안 되는 이유를 안다면, 자신에 대한 부정적인 생각에서 벗어날 수 있다. 내가 고민한 이유는 병원에서 검사를 받은 것이 아니라 그럴 가능성이 있다는 추측일 뿐이었기 때문이다. 그래서 수영이에게 한동안 섣불리 이야기하지 못했다. 하지만 자신을 잘 알아야 대안을 찾을 수 있다는 생각으로 조심스럽게 이야기를 꺼냈다.

"수영아, 네가 읽기가 어려움을 느끼는 것은 시각으로 받아들이고 이해하는 측면에서 다른 사람과 좀 달라서일 수 있어."

수영이는 어리둥절한 모습으로 나를 쳐다본다.

"다른 사람은 빛에 예민하지도 않고, 글을 읽을 때도 단어가 한눈에 들어온단다. 하지만 선생님 생각에 너는 빛에 좀 예민하고, 글을 읽을 때 조사가 다른 단어에 붙어 있는 것으로 보인다거나 띄어 쓴 것이 잘 인지되지 않을 수도 있단다. 그래서 반복하고 또 반복해서 통째로 외워야 의미를 이해할 수 있었던 거지."

"그럴 수도 있어요?"

"그럴 수 있어. 그러니 네가 글이 이해가 잘되지 않는 것은 당연할 수 있다는 거지. 그것은 네 잘못이 아니라는 거야. 아파서 학교에 못 오는 게 네 잘못이 아니듯이 말이야."

"그래요? 그럴 수 있다는 말이죠? 그럼 어떻게 해요?"

수영이는 내가 걱정했던 것보다 훨씬 담담하게 받아들인다. 오히려 앞으로 어떻게 해야 할지를 묻는다.

"어떤 원인으로 그런 현상이 나타나는지를 정확히 검사하는 것이 중요하겠지. 어머니께도 말씀드려야 할 것 같구나."

"엄마가 속상해하실 텐데……."

"선생님의 도움이 필요하면 말하고."

수영이는 어머니를 걱정했지만, 한편으로는 자신이 노력해도 잘 안 된다는 것을 이제 엄마가 이해할 수 있다는 사실에 마음이 가벼워진 듯 보였다. 그러나 상담이 끝날 때까지 검사는 이루어지지 못했다. 상담이 끝난 지금까지도 그 점이 안타깝다.

자심감을 키워주는 읽기 전략

수영이는 자신의 읽기 문제에 조금이라도 도움이 될 만한 책을 읽는 방법을 익히기로 했다. 먼저 가장 많이 사용하는 'SQ3R'이란 방법을 사용하여 단계별로 읽는 과정을 연습한다.

SQ3R(Robinson, 1946)은 로빈슨이 고안한 읽기 모형으로 다양한 읽기 자료에 사용되는 방법이다. 긴 글에도 유용하게 사용할 수 있으며, 내용을 잊어버리는 것을 지연하는 방법이다. SQ3R은 5단계로 훑어보기Survey, 질문하기Question, 자세히 읽기Read, 암송하기Recite, 복습하기Review의 순서로 진행된다. 이 방법은 책 읽기 방법으로 가장 널리 사용되고 있으며, 읽을 자료의 이해를 도울 뿐만 아니라 기억도 오래 할 수 있도록 돕는다. 또 책을 읽을 때 집중하는 능력도 증진하는 데 도움이 된다.

수영이와 SQ3R의 5단계를 차근차근 연습한다.

"수영아, 소설책이나 다른 책들을 사려고 할 때 가장 먼저 살펴보는 것이 무얼까?"

"책 표지, 제목이요."

"그렇지, 그런데 그걸 먼저 보는 이유는 뭘까?"

"무엇에 관한 내용인지 대충 알 수 있으니까요."

"맞아, 그다음에는?"

"내용을 대강 훑어보는데요?"

"그것도 좋은데, 그전에 차례를 보면 내용을 이해하는 데 도움이 돼. 그러면 이 책의 표지를 보고 차례를 한 번 살펴보자."

차례를 통해 어떤 내용이 있을지 이야기로 만들어보게 했다. 머릿속에 책 목차만 기억하고 있어도 이미 책 내용의 전후 과정을 60퍼센트는 이해할 수 있다.

"제가 만든 이야기가 틀리면 어떡해요?"

"틀리는 게 당연해. 내용을 보지도 않았는데 어떻게 알아. 괜찮으니 해봐."

사실 이 과정이 어려울 수 있다. 중학생에게 해보라고 하면 선뜻 시도하지 못했었다. 하지만 책을 읽어가면서 자기가 만든 이야기와 비교할 때 재미도 있고 내용을 기억하는 데도 도움이 된다. 이제 한 단원을 선택하여 그림, 제목, 도표 등을 보면서 같은 방법으로 예상해보도록 한다. 사실 수영이에게 가장 중요한 것은 흥미를 느끼며 끝까지 책을 읽는 것이었다.

다음 단계로 빠르게 훑어본 후 자신이 궁금한 것이 무엇인지를 질문하게 한다. 하지만 아직 질문의 답은 찾지 않는다. 자신이 궁금한 질문의 답은 내용을 다 읽은 후에 찾도록 한다.

이제 내용을 파악해야 하는 단계다. 핵심어도 찾고 주요 문장도 찾아야 한다. 그런데 모르는 단어가 있다면 이 단계의 활동에 방해가 되고 집중이 어려워진다. 따라서 내용을 읽으면서 모르는 단어나 알고 있어도 의미를 정확하게 알지 못하는 단어의 의미를 파악하는 과정이 선행되어야 한다. 이 과정이 끝나고 나면 단락을 끊어 읽고, 그 단락의 핵심 단어나 핵심 내용을 요약·정리해서 쓰고 자신의 말로 해보게 한다. 사실 이 과정이 재미있거나 흥미롭지는 않다. 수영이도 마찬가지였다. 그래서 하루에 많은 양을 읽기보다는 한 쪽이라도 정확하게 읽고 의미를 파악하게 하는 연습을 했다.

"수영아, 좀 힘들지? 지루하기도 하고."

"좀, 그래요."

"하루에 할 수 있는 만큼만 하자. 이렇게 하다 보면 읽는 것에 대한 부담이 줄어들 거야. 우리 하루에 얼마만큼 할 수 있을까?"

"한 쪽만 해도 돼요?"

"그래, 그러자. 하루에 한 쪽씩 매일 꾸준히 하다 보면 쌓여서 꽤 많은 양이 될 거 같은데?"

"그렇겠죠?"

수영이는 고개를 끄덕이며 읽기를 시작한 후 처음으로 웃는다. 그동안 이해되지 않는 것을 반복을 통해 억지로 다 외우려 하다 보니 공부에 지치고 말았다. 그런데 읽기 전략을 통해 차근차근 읽어 보니 읽기가 훨씬 수월해진 것이다. 우리의 목표는 하루에 한 쪽씩 천천히 읽어가면서 자신감을 키우고 성취감을 느끼는 것이었다.

철든 아이의 아픈 마음

수영이는 학습도 부진하지만 불안해 보였다. 그 불안이 어디서 오는 것인지도 궁금했다.

"저는 고민이 많아요."

"고민이 많을 때는 어떻게 해?"

"사실 저는 고민이 있을 때마다 그 이야기를 누군가한테 털어놓고 함께 이야기하면 마음이 편해지는데, 그럴 사람이 없어요."

"엄마나 언니에게 하면 되지 않을까?"

"가족 중에는 할 사람이 없어요. 엄마에게 제 고민을 말하면 엄마가 많이 걱정할 거예요. 그래서 그건 별로예요. 언니는 좀 무섭고요. 그래서 혼자 참아요."

어머니에게 걱정을 끼칠까 봐 힘든 이야기를 할 수 없어서 혼자 참고 이겨내려고 노력하고 있다.

"친구들이 요즘 가장 듣기 싫은 말이 학교 갔다 집에 가면 엄마가 학교생활은 어떤지, 친구하고는 잘 지내는지 등을 꼬치꼬치 물어보는 거래요. 정말 귀찮고 짜증 난대요."

"요즘 친구들이 좀 그렇지."

"듣고 싶어 하는 엄마가 있다는 것이 저는 너무 부러워요. 전 학교에서 있었던 이야기를 엄마에게 하고 싶어요."

"그럼 엄마 퇴근하고 오시면 함께 이런저런 이야기를 해보면 되지 않을까?"

"그런데 우리 엄마는 그런 이야기를 듣기 싫어해요. 싫어한다기보다는 이야기할 시간이 없는 거죠. 여유가 없다는 게 맞죠."

수영이가 어머니를 배려하느라 대화를 못 하는 거 같기도 하고, 어머니가 수영이를 배척하는 거 같기도 했다. 어느 쪽이든 수영이는 어머니와 이야기하고 싶은데 못하는 것이다.

수영이 어머니는 자신의 힘든 성장 과정을 어린 수영이에게 자주 이야기하곤 했다. 수영이는 어린 마음에도 어머니가 안타깝게 느겨졌던 모양이었다. 그리고 수영이 언니는 가출이 잦아 늘 부모님의 애를 태우다가 결국 고등학교를 간신히 졸업했다. 수영이는 그런 언니를 보면서 자신만큼은 부모님 속을 썩이지 말아야겠다고 마음먹었다고 했다. 그런 이유 때문인지 수영이는 가족에게 보이지 않는 책임감을 느끼고 있었다. 자신은 언니와 달라야 하고, 부모님께 어떤 식으로든 도움이 되어야 했다. 그래서 다른 사람 앞에서는 아무 일도 없는 것처럼 행동했다.

"친구들은 저한테 늘 당당하고 명랑하다고 해요. 저를 보면 아무 걱정도 없을 것 같다고 하기도 해요."

"그게 불편하니?"

"사실은 제가 고민도 많고, 공부도 못하잖아요. 그래서 친구들을 속이는 거 같아서요."

수영이는 어릴 때부터 춤과 노래를 잘해서 사람들 앞에 설 기회가 자주 있었다. 중학교에 와서 친구들 앞에서 노래를 부를 기회가 있었다. 그 모습을 본 친구들이 수영이를 그렇게 보는 듯했다. 하지만 수영이 속마음에서는 무대에 나가는 것이 두렵고 무서워 중요한 순간에는 포기한 적이 많았다.

"지난번에도 학원 오디션이 있었는데 준비도 제대로 하지 못한 것 같고, 걱정도 되고 해서 안 봤어요. 제가 왜 이렇게 걱정이 많은지 모르겠어요."

음악 학원에서 실시하는 오디션을 보려고 했지만, 잘하지 못할 것 같은 불안한 마음에 용기를 내지 못했다. 수영이는 부모님 걱정, 친구들의 오해에 대한 걱정, 이해할 수 없는 불안에 대한 걱정 등 이래저래 걱정이 많은 학생이다.

엄마의 부재가 키운 불안감

"저는 불을 끄면 잠을 잘 수가 없었어요."

"그럼 불을 켜고 자는 거야?"

"깜깜하면 무서워요. 엄마는 제가 유치원에 다닐 때부터 마트에서 일하셔서 집에 늘 늦게 들어오셨어요. 지금도 가장 싫은 것이 불 꺼진 집에 들어가 불 켜고 혼자 있는 일이에요."

"정말 싫었겠다."

"우리 집에 가려면 어두운 골목을 지나쳐야 해요. 어느 때부턴가 그 골목을 지날 때마다 늘 겁나고 불안해요. 누군가 뒤에서 따라오는 것 같고 무섭다는 생각이 들어요. 사실 지금도 혼자 집에 있으면 너무 무서워요."

수영이는 정말 하고 싶은 이야기가 많아 보였다.

"어릴 때부터 엄마랑 함께 있는 걸 너무 좋아했는데, 그럴 수 없었어요. 유치원에 갈 때도 가기 싫어서 울었던 기억이 나요."

수영이의 불안은 어린 시절 부모와의 애착 관계에서 충분한 만족과 안정감을 느끼지 못해 생겨난 것으로 보인다. 어머니와 가까이 있으면 안정감을 느끼고, 어머니와 멀리 떨어져 있으면 불안감으로 울기도 하고 힘이 들었다. 중학교에 와서도 혼자 있을 때나 낯선 환경에서는 불안감이 고조되어 두려울 때가 종종 있다.

"요즘도 엄마와 함께 시간을 보내기가 어려워요. 엄마는 늘 바빠서 낮에는 통화도 전혀 할 수 없고, 문자를 보내도 답변이 없어요."

수영이는 지금 외롭고 슬퍼 보인다.

실제로 수영이 어머니와 통화하기는 매우 어려웠다. 전화하려면 미리 문자를 보내 언제 시간이 되는지 확인하고 연락해야 통화할 수 있었다. 전화 통화 중에도 손님을 응대하는 목소리가 들려왔다. 그래서 차분히 이야기를 전할 수도 없었다.

이렇게 내화에 집중하지 못하는 어머니의 모습에서 수영이의 마음을 읽게 된다. '나보다는 일이 더 중요하구나.' 또는 '엄마가 무척 힘들구나. 나라도 잘해야지.'라는 두 마음이 함께 있었을 것이다. 이 두 개의 상반된 감정은 또 수영이를 혼란 속으로 밀어 넣었을 것이다.

엄마에게 인정받는 순간이 가장 행복한 아이

"수영이는 뭘 할 때가 제일 좋아?"

"노래요. 엄마가 쉴 때 가끔 노래방에 같이 가면 '우리 딸 노래 참 잘하네.' 하고 늘 칭찬해주셨어요."

표정이 아주 밝아 보인다. 어머니와 함께하는 시간은 길지는 않았지만, 어머니가 노래를 잘한다고 인정해준 순간이 행복한 기억으로 남아 있는 것 같다.

"노래를 잘하는구나."

"사실, 제가 노래를 잘하는 줄 몰랐어요."

별다른 재주가 없다고 생각한 수영이에게 어머니의 칭찬은 점차 가수가 되고 싶다는 꿈을 꾸게 했다.

"엄마를 호강시켜 드리고 싶어요."

수영이는 상담 시간에 어머니 이야기를 참 많이 한다. 어머니의 유년기 삶을 잘 아는 딸이 그리 많지는 않을 것이다.

"엄마가 어릴 때는 엄청나게 부자여서 집에 가정부, 기사 분들이 있었대요. 그래서 엄마는 초등학교에 다닐 때까지는 공주처럼 자랐대요."

하지만 외할아버지 사업이 부도가 나면서 가정 형편이 갑자기 어려워졌고, 어머니는 대학에 가지 못했다고 한다. 초등학교에 다닐 때까지 발레를 배웠던 어머니는 춤과 노래에 끼가 많아서, 주변에서 다음에 크면 연예인을 하라는 권유도 받았다. 하지만 어머니는 가정 형편 때문에 발레리나가 되고 싶었던 자신의 꿈을 접어야 했고, 지금도 그 꿈에 대한 아쉬움이 많이 남아 있다.

수영이는 경제적인 이유로 하고 싶었던 발레를 하지 못하게 된 어머니가 안쓰러웠고, 그래서 더 잘하려고 노력했다. 어머니도 수영이의 재능을 키워주려고 힘든 살림이지만 음악 학원에서 음악을 공부할 수 있도록 해주었다. 그러나 수영이가 꿈을 이루려면 먼저 극복해야 할 것이 있었다. 사람들 앞에 서는 두려움이었다. 수영이는 용기를 내어보아도 힘들다고 했다.

"너는 좋아하는 사람, 의지가 되는 사람과 대화를 통해 위로를 받고 용기를 얻고 싶은 마음이 큰 거 같아."

"그렇게 하고 싶어요."

"하지만 자신의 마음을 잘 위로받지 못하면서 좌절감을 느끼고 실망한 거지. 특히 엄마와의 관계에서 이런 일이 반복되다 보니 다른 사람과의 만남에서도 같은 일이 일어날 것 같은 불안감이 생긴 것 같아."

수영이는 아무 말이 없다. 생각할 시간을 주어야 했다.

"생각해보니 그런 거 같기도 해요."

수영이가 상담사의 말에 공감하더니 한동안 고개만 끄덕거린다.

"엄마가 네가 원하는데 잘 받아주지 않았다고 해서 네 존재 자체를 거부한 것은 아니야."

"아, 그건 그렇죠."

"마음은 늘 네 옆에서 응원하고 지지하고 계시다는 것을 알았으면 좋겠다."

"알고는 있어요. 하지만 사실 잘 모르겠어요."

확인할 수 없는 어머니의 마음을 중학교 2학년 소녀가 어떻게 완전히 알 수 있겠는가? 하지만 오늘 상담으로 자신의 불안이 어렸을 때 어머니와 떨어지는 것에 느꼈던 두려움과 자신이 위로받을 수 없어 실망한 것에서 비롯한 것임을 알게 되었다. 불안의 원인을 알았으니, 극복할 힘도 생길 것이다. 이제부터는 이런 부정적인 생각을 걷어낼 일만 남았다.

장점은 누구에게나 있다

"저는 노래를 부르면 우울한 것도 무서운 것도 불안한 마음도 사라져요. 그래서 저는 노래가 좋아요."

노래는 수영이의 불안감을 덜어준다.

그래요 난 난 꿈이 있어요
그 꿈을 믿어요 나를 지켜봐요
저 차갑게 서 있는 운명이란 벽 앞에
당당히 마주칠 수 있어요
언젠가 나 그 벽을 넘고서
저 하늘을 높이 날 수 있어요
이 무거운 세상도 나를 묶을 수 없죠
내 삶의 끝에서 나 웃을 그날을 함께해요

〈거위의 꿈〉이라는 노래의 일부다. 이 노래는 이번에 오디션에서 부를 노래다.

"오디션 준비는 잘하고 있어?"

"저, 이번에 오디션에 참가하지 않으려고 해요."

"수영아, 너 많이 준비했잖아."

"그런데 오디션에서 부를 노래가 갑자기 바뀌었어요. 노력은 해 보았는데 가사가 외워지지 않아요."

수영이는 고개를 숙이고 절망적인 모습으로 앉아 있다. 그런 자신이 너무 싫다고 한다.

"수영아, 지난번에 읽기 방법 배운 거 생각나?"

"네, 그런데 이건 읽는 것이 아니라 외워야 하는 거예요."

"맞아, 네 말이 맞아. 이번엔 외워야 하는 거지. 하지만 지난번에 읽기 전략을 통해 조금씩, 조금씩 좋아졌던 거 기억나? 이번에는 기억 전략으로 외워보는 거야. 그때처럼 잘할 수 있을 거야. 지난번에는 성공했잖아."

수영이에게는 자신감을 가져다줄 기회가 필요했다. 그래서 읽기 전략으로 예전보다 나아진 자신을 보면서 용기를 내도록 했다. 그리고 지금이 다시 한 번 성공할 기회라고 생각했다.

기억 전략으로 가사 외우기가 시작되었다. 전체를 읽어보고 어떤 느낌인지 생각하는 시간을 보낸다. 그리고 가사 한 소절, 한 소절을 읽고 나서 그 내용을 머릿속으로 연상하게 한 뒤 그려보도록 했다. 그러다 보니 하나의 이야기가 만들어졌다.

이 노랫말이 마치 자신의 꿈을 품고 도전하는 수영이를 위한 노래인 것처럼 느껴졌다. 수영이는 이 노랫말로 이야기를 짜서 그림으로 그리는 기억법으로 가사를 완벽하게 이해하고 기억하여 오디션에 참가할 수 있었다.

오디션을 마치고 난 다음 만난 수영이는 지금까지 한 번도 본 적 없는 표정을 지었다.

"어찌 된 일인지, 생각보다 무대에서 떨리지 않았어요. 또 심사위원들한테서 음색이 좋고, 가사 전달력이 좋다는 평가도 받았어요. 너무 좋아요."

"혹시 무대 체질인가?"

우리 둘은 오랜만에 크게 웃었다. 다행히 성공적인 이번 오디션은 수영이에게 무대에서 생기는 불안을 어느 정도 다스릴 수 있게 해 주었다.

2주 후 수영이는 교내 축제에서도 춤과 노래를 공연했다. 물론 이 공연을 위하여 준비를 많이 했다. 그 결과 공연은 성공적이었으며, 친구와 선생님 들도 많은 관심과 응원을 보냈다. 그런 관심과 응원 덕분에 지난번 오디션 때보다 자신감이 부쩍 향상된 모습이다.

처음 만났을 때 수영이와 지금의 수영이는 다른 아이 같다. 처음 만났을 때 수영이는 아무것도 할 수 없는 아이처럼 행동하고 말했었다. 하지만 지금 수영이는 자신감이 생겼을 뿐만 아니라 얼굴에서도 행복이 보인다.

나는 상담하면서 수영이가 무엇을 좋아하는지, 무엇을 잘할 수 있는지에서부터 출발했다. 장점은 누구에게나 있다. 숨겨진 작은 장점은 아이의 인생을 빛나게 해줄 보석이 될 수 있다.

수영이는 이번 상담으로 공부에 관심이 생기고 목표와 계획을 세우지는 않았다. 즉, 학습과 관련한 부분이 향상된 것은 아니다. 하지만 자신이 좋아하는 것에 관심을 두게 되었고, 노력하고 실천할 수 있었다. 지금 수영이는 자신의 꿈을 이루고자 계획하고 실천하고 있다. 어쩌면 수영이는 어머니에게서 지지와 칭찬을 받았기에 자신의 미래를 꿈꿀 수 있었다.

모든 아이가 부모에게 지지를 받는 것은 아니다. 부모 대신 지지와 격려를 해줄 사람이 있다면, 아이들은 학교생활에서 적응하는 데 많은 도움을 받을 수 있다. 나는 오늘 부모 대신 아이들에게 지지와 격려를 해주고자 우리 동네에서 가까운 아동센터를 찾는다.

책 읽기 어려워하는 아이를 위한 진단표

난독증(Dyslexia)은 지능과 시력·청력 등이 모두 정상인데도 언어와 관계되는 신경학적 정보 처리 과정의 문제로 글을 원활하게 이해하는 데 효율이 떨어지는 증상이다. 일반적인 교육 방식으로는 학습에 지장을 겪는 경우가 적지 않아 대부분 '집중력이 부족하다'라고 오인된다. 미국에서는 인구의 약 15퍼센트가 난독증에 해당하는 것으로 조사되었다.

"안 하는 게 아니라 안 되는데."
"말귀를 못 알아듣는다."

선생님의 목소리가 끊임없이 웅얼웅얼하는 한 덩어리로 들리고, 책을 읽을 때 글씨가 꿈틀거려 무슨 내용인지 알 수 없다. 가족이나 주위 어른들이 "이해력이 떨어진다."라거나 "공부 왜 안 하냐."라고 하면 아이들은 "안 되는데 자꾸만 뭐라 하시니 속상했다."라고 반응한다.

학습의 문제가 발생했을 때, 심리·정서적 문제와 학습과 관련한 두뇌의 영역을 총체적으로 검토해봐야 한다. 문제가 있다고 인식되면, 전문가의 도움을 받아야 한다.

❖ '난독증' 증상 체크리스트

1. 읽을 때 단어나 줄을 뛰어넘는가?
2. 읽은 줄을 되풀이하여 읽는가?
3. 읽던 위치를 자주 잃어버리는가?
4. 읽을 때 주의가 쉽게 흐트러지는가?
5. 읽는 도중 자주 쉬어야 하는가?
6. 읽는 시간이 길어질수록 더 힘이 드는가?
7. 읽을 때 두통이 생기는가?
8. 읽을 때 눈이 충혈되고 눈물이 나는가?
9. 읽는 것이 피곤하게 느껴지는가?
10. 읽을 때 눈을 깜빡이거나 가늘게 뜨는가?
11. 어두운 불빛에서 읽는 것을 더 좋아하는가?
12. 눈을 책에 가까이 대고 읽는가?
13. 손가락이나 책갈피를 대고 읽는가?
14. 읽을 때 불안해하거나 안절부절못하게 되는가?

이상 열네 개의 항목에서 일곱 개 이상 항목에 해당하면, 시각적 난독증의 한 유형인 얼렌 증후군(Irlen syndrome)일 가능성이 높다.

출처: 하이퍼포먼스 브레인연구소(www.brainspectrum.com)

외로운 아이에겐
마음을 나눌 친구가 필요하다

　학교생활을 하면서 아이들은 여러 가지 역경, 스트레스를 겪는다. 누군가는 성적 때문에 힘들고, 또 누군가는 친구들과 어울리지 못해서 학교생활을 그만두고 싶어 한다. 그 역경과 스트레스는 학교라는 곳에서 만나게 될 수도 있지만, 가정에도 학교생활을 이어나기 어렵게 하는 역경과 스트레스가 있을 수 있다.

　이러한 역경은 아이들이 학교를 떠나게 하기도 한다. 또 아이를 외롭고 지치게도 한다. 하지만 누구나 그 역경 때문에 학교를 그만두지는 않는다. 오히려 어떤 아이들은 그 역경을 이겨내고 더 좋은 결과를 만들어내기도 한다. 어떤 힘이 역경을 이겨내게 하는 걸까? 그것은 스스로 할 수 있다는 자신감, 자신의 존재 가치에 대한 긍정적인 마음, 문제가 발생했을 때 그 문제를 해결해 나가는 능력 등이다.

이러한 개인적인 것뿐만 아니라 주변의 지지도 중요하다. 주변의 지지자로는 학교 선생님, 부모, 친구들이 있다. 이들의 지지는 아이 자신이 힘들고 스트레스가 많은 역경에 처했을 때 혼자가 아니라고 생각하게 해주고 역경을 이겨낼 힘이 생기게 해준다.

아동에게 학교 선생님과 부모의 지지는 중요하다. 하지만 힘들고 외롭고 지친 아이들을 학교 선생님과 부모가 언제나 지지해주고 도와줄 수 있는 것은 아니다. 그래도 그 아이가 만나는 사람 중 한 명의 지지자라노 있다면, 그 아이들은 정상적으로 학교생활을 할 수 있으며 밝고 힘차게 자랄 수 있다.

모든 아이가 상황이 다르고, 성향이 다르다. 같은 환경에서 자란 형제, 자매라 할지라도 힘들어하는 부분이 다르고, 스트레스를 해소하는 방법도 다르다. 그러므로 어떻게 지지하고 지원해줄 것인지를 잘 고려하여 도움을 주어야 할 것이다.

나는 오늘 누군가의 지지와 도움이 필요한 아이들을 만나서 그들의 지지대가 되려고 한다. 아이들은 저마다 다른 색을 타고난다. 다문화 가정의 동엽이, 편부 가정의 희철이, 부모는 있지만 충동적인 희진이. 이 아이들은 모두 초등학생이다. 이 아이들은 자기 주도 학습을 하고자 한자리에 모였다.

길게만 느껴진 우리의 만남

세 명밖에 안 되지만, 그 아이들은 모두 서로 다른 모습이었다. 그들이 안고 있는 스트레스, 정서적 문제도 다 달랐다. 자기 주도 학습 기간에는 서로 다른 아이들이 함께 돕고, 이해하며 지내야 한다. 그들이 품고 있는 분노, 좌절, 애정 결핍, 인정 욕구 등을 어떻게 풀어야 할지 고민이 앞선다. 보통의 아이들은 첫 만남에 긴장한다. 처음 만나는 사람이 얼마나 무서운지, 얼마나 재미있는지, 자신이 어떻게 대해야 하는지 등을 살피고 적절하게 대처한다. 하지만 이 세 명의 아이는 나를 궁금해하지도 않고, 설렘도 없는 듯했다.

문을 열고 들어서면서 밝고 맑은 목소리로 아이들에게 "안녕, 얘들아."라고 인사를 건네자 돌아오는 그들의 인사가 제각각이었다. "아뇨."라고 부정적으로 대답하는 아이, 고래고래 소리를 지르며 "네."라고 하는 아이, 별다른 말없이 눈으로 인사하는 아이. 어디에 장단을 맞춰야 할지. 그래도 위로가 되는 것은 모두 나를 보고 반응한다는 것이다.

'관심은 있다는 뜻이겠지.'

이렇게 생각하며 아이들 앞에 앉는다.

"오늘부터 매주 월요일에 우리 함께 만나서 재미있게 지내자."

"뭐 할 건데요?"

"공부 방법을 알려줄 거야."

공부라는 말에 갑자기 "우우······.", "에에······.", "싫어요.", "공부 안 해요."라는 소리가 동시에 쏟아져 나왔다. '아차, 실수했구나.' 싶었다. 하지만 이미 공부라는 말이 입 밖으로 나갔다. 나는 화제를 바꾸고자 호들갑을 떨며 이야기한다.

"얘들아, 있잖아, 이곳에서는 너희한테 관심이 많은가 봐. 알고 있었어?"

"왜요?"

"이렇게 시원한 음료수와 맛있는 간식을 챙겨주셨어."

날씨가 더운 날에 시원한 음료수는 아이들의 마음을 달래주는 데 그만이다. 그리고 관심밖에 있었던 아이들은 자신들만을 위해 시원한 음료수와 간식을 준비해준 것을 뜻밖의 일로 생각하는 것 같았다. 다행히도 시원한 음료와 간식 덕분에 다시 이야기를 시작할 수 있었다.

"그럼, 너희는 뭐하고 싶은데?"

"놀아요."

"어떻게 놀까?"

"음······, 술래잡기."

"여긴 숨을 곳도 없는데."

희진이가 이리저리 둘러보다 "그러면 동엽이 때리기."라고 하면서 동엽이를 때린다. 말릴 사이도 없이 희진이에게 맞은 동엽이가 대성통곡한다. 동엽이의 갑작스러운 반응에 나는 깜짝 놀랐다. 하지만 희진이와 희철이는 낄낄대며 웃는다. 대성통곡할 정도로 아프지는 않았겠지만, 목 놓아 우는 동엽이를 나는 달래주었다.

다시 조용해진 틈을 타서 우리가 만나는 동안 지켜야 할 약속을 정하기로 했다. 뛰지 않기, 선생님 말씀 잘 듣기, 소리 지르지 않기, 친구랑 싸우지 않기, 발표 잘하기……. 정말 놀랐다. 어쩌면 이렇게 아이들이 함께 지켜야 할 약속을 잘 알고 있을까? 정말 약속을 지키려고 이렇게 일사천리로 이야기를 쏟아내는 걸까?

"우아, 정말 우리가 이 약속들을 잘 지키면 즐겁게 만날 수 있겠다. 여기에 하나 더 '재미있게 하기', 어때?"

"좋아요."

아이들은 나를 예전부터 알았던 것처럼 거리낌 없이 하고 싶은 말, 하고 싶은 행동을 한다. 그런 모습이 좋기도 하고 힘들기도 했다.

오늘은 첫 만남인 만큼 가까워지는 시간을 보낸 것으로 만족해하며 수업을 끝냈다. 그러나 약 90분을 함께하면서도 9시간은 지난 것처럼 길게 느껴졌고 아이들을 다시 만나는 것을 포기하고 싶을 정도로 힘이 들었다.

날카로운 아이에게 웃음을 선물하다

아이들이 함께 공부하는 곳은 신발을 벗고 들어가는 방이다. 처음에 이 방은 아이들과 편안하게 지낼 수 있는 곳이라고 생각했지만,

아이들과 내가 친해지면서 위험한 곳으로 변하는 느낌이 들었다. 그래서 나는 더욱 긴장하고 사고가 나지 않도록 하고자 안전에 신경을 더 쓰게 되었다. 그런 이유로 나는 늘 학생들보다 일찍 도착하려고 서두른다. 하지만 오늘은 앞 시간의 일 하나가 늦게 끝나 시간이 촉박했다. 시간이 촉박한 만큼 마음이 조급해지고 가슴도 걱정으로 쿵쾅댄다.

공부방의 문을 연 순간 쿵쾅대던 내 가슴은 쾅 하고 내려앉았다. 희철이는 다른 세상에 있는 아이처럼 종이접기를 하고 있고, 평소 너무 활발하던 희진이는 정강이를 잡고 울고 있고, 동엽이는 보이질 않는다.

"희진아, 왜 그래? 다쳤어? 어디 좀 보자."

"아파요."

"뛰다가 책상에 부딪혀서 그래요."

희철이가 무미건조하게 대답한다. 희진이를 얼른 치료하려고 밖으로 보낸 후, 동엽이가 어디에 있는지 희철이에게 묻자, 희철이는 턱으로 교탁을 가리킨다. 가서 보니 동엽이가 교탁 밑에 웅크린 채 무릎에 고개를 파묻고 있다.

"동엽아, 이리 나와."

동엽이가 내 손을 탁 쳐낸다.

"왜 그래?"

"희진이가 돼지라고 놀려서 그래요."

희철이가 다시 무미건조하게 대답한다.

"너도 그랬잖아."

동엽이는 친구들이 놀리자 화가 나서 교탁 밑으로 들어가 있었다. 동엽이는 작은 키에 뚱뚱하다. 그래서인지 티셔츠는 늘 꽉 끼고, 안경은 삐딱하게 코 위에 얹혀 있었다. 가까스로 동엽이를 달래어 수업을 시작했다. 얼마 지나지 않아 갑자기 바닥에 눕는 동엽이.

"아, 피곤해라."

내가 동엽이 옆으로 다가가 많이 피곤한지 다시 한 번 물어보니, 동엽이는 아무런 대답 없이 벌떡 일어나 앉는다. 그리고 이상한 소리를 내기 시작한다. 흡사 동물이 내는 소리처럼 들리는 괴상한 소리 때문에 내 신경이 날카로워지는 것이 느껴졌다. 동엽이에게 이 소리를 멈춰달라고 부탁했지만 들은 척도 하지 않았다.

자기 주도 학습 상담이 끝난 후 동엽이에게 수업 시간에 했던 행동에 대해 이야기하려고 남으라고 했다. 두 아이는 동엽이를 향해 "메롱"이라고 하면서 문을 나갔다. 동엽이는 나가는 아이들을 향해 울먹이면서 "다 죽여버릴 거야."라고 소리친다. 깜짝 놀란 내가 "왜 그래? 동엽아."라고 묻자, 동엽이가 "쟤네들이 놀렸잖아요."라고 대답하며 울음을 터트렸다.

갑작스러운 상황에 당황한 나는 원래 의도와 다르게 동엽이에게 거짓말했다. 허리를 굽히고 울고 있는 아이의 어깨를 감싸 안고는, "동엽아, 아까 네가 더 먹고 싶어 했던 간식 너만 더 주려고 남으라고 한 건데 그게 속상했어?"라고 물었다.

"난 남는 거 제일 싫어요."

'그랬구나.'

아마 동엽이는 학교에서 꾸중을 듣거나 벌을 서야 해서 남았던 경험이 엄청 싫었던 모양이었다. 동엽이가 더 먹고 싶어 했던 간식을 더 내어준다. 다행히도 동엽이가 간식을 먹는 동안 동엽이의 이야기를 들을 수 있었다.

"엄마는 가게에서 자요. 집에는 가끔 와요. 형은 중학생이에요. 다음에는 형한테 쟤들 혼내주라고 할 거예요."

"아빠는 집에 계시니?"

"네, 아빠는 일하시고 집에 오세요."

"오늘 선생님이 남으라고 한 거 기분 어때? 아직 나빠?"

"아뇨."

동엽이의 어머니는 동남아 사람이고 아버지는 한국인이라고 했다. 동엽이의 외모는 이국적이지는 않지만, 다문화 가정의 아이라는 것을 느낄 수 있었다. 다행히도 동엽이의 읽기, 말하기, 쓰기에는 큰 문제가 없었다. 어머니와 아버지는 이혼한 상태는 아니지만, 어머니가 식당에서 일하면서 그곳에서 숙식을 해결하고 주말에 집으로 왔다. 동엽이는 집에 돌아가면 형과 함께 게임을 하거나 그림을 그리는 일로 시간을 보내고 있었다. 아버지는 일 때문에 늦게 들어오고 어머니가 함께 살지 않는 가정환경에서 자라는 동엽이에게는 학교가 끝나고 집으로 가도 따뜻하게 돌봐주는 사람이 없을뿐더러 자신의 편을 들어주거나 관심을 기울이는 사람도 없다.

　나는 이후에도 가끔 동엽이를 남겼다. 그리고 이런저런 이야기도 하고, 함께 사용한 방을 정리하기도 했다. 그것에 대한 칭찬과 함께 동엽이가 좋아하는 간식도 주었다. 동엽이에게는 이 간식이 중요한 게 아니다. 동엽이는 그동안 선생님이 남으라고 할 때마다 야단을 맞는 경험을 겪어왔다. 자신이 남아야 하는 상황을 인정하고 이해한 것이 아니기에 그저 억울하기만 했을 것이다. 그리고 이런 억울한 감정을 혼자 억누르다 보니, 남아야 하는 자신을 놀리는 아이들에게 복수하고 싶은 마음이 들었을 것이다. 그래서 이러한 부정적인 감정을 바꿔주고 싶었다.

　다음에 남으라고 했을 때 동엽이는 "왜요?", "싫어요."라는 말 대신 "네."라고 대답한다. 친구들이 "오늘도 남는구나. 안 됐다."라고 말하고 놀려도 여유 있게 대처한다.

　동엽이는 간식을 먹을 때 지저분하고 이상한 소리를 내거나 개가 먹는 것을 흉내 내면서 먹기도 한다. 그러면 희진이, 희철이가 웃는다. 그 웃음에 간식을 먹는 모습이 더 과해지기도 했다. 아마 아이들의 웃음을 관심이라고 생각한 동엽이가 행동을 강화한 것으로 생각되었다. 상담 중에는 거의 아무것도 하지 않고 그림만 그리려고 했다. 그림은 주로 만화 주인공을 그렸는데, 다소 기괴하거나 우스꽝스러운 모습이었다. 이런 그림에 아이들은 크게 웃었고, 그러면 동엽이는 더 기괴하게 그리기도 했다.

"동엽아, 그림 그리는 솜씨가 대단하다. 언제부터 이렇게 잘 그렸어?"

"옛날부터요."

까칠한 대답이지만 "몰라요."가 아니라서 다행이다. 동엽이가 학습하지 않는 모습에 초점을 두기보다는 그림을 잘 그리는 것에 초점을 두고 칭찬을 아끼지 않았다. 그리고 가끔 공부를 권해보기도 하지만, 대답은 예상대로 "하기 싫어요.", "그림 먼저 그리고요."라는 것이었다.

동엽이의 그림을 재미있어하고 웃고 놀리기도 한 희철이와 희진이가 동엽이가 그림을 그리는 책상으로 다가와 말을 건넨다.

"진짜 잘 그렸다."

"근데 이거 웃긴다."

"이건 뭐 그린 거야?"

"아, 이거 나 알아."

"정말 비슷하다."

동엽이는 갑자기 아무 말도 못 들은 것처럼 그림을 더 열심히 그린다. 아마 누군가 자신에게 욕을 했다면, 1초의 망설임도 없이 더 심한 욕으로 대응했을 것이다. 동엽이는 화가 나면 살벌하게 욕하고 소리치고 책을 찢는 등의 행동을 서슴없이 하고 난 뒤에 구석으로 들어가 어떠한 질문에도 대답하지 않는다. 하지만 오늘은 친구들이 칭찬해준 것이 어색한지 아무 말을 하지 않는 것이다. 완성한 그림을 설명하는 동엽이의 얼굴은 신이 나 있다. 물론 다시 희진이가 동엽이를 놀리면서 흐뭇한 장면은 아주 짧게 끝이 난다. 하지만 점차 동엽이는 친구가 놀리는 것에 울거나 화내거나 같이 욕하는 행동이 줄어들고 있었다.

그리고 내가 학습하자고 권유하면 "잠깐만요."라고 대답하고 자신이 그리던 그림을 마무리한 뒤에 학습에 조금씩 참여하기 시작했다. 점차 학습을 먼저하고 그림을 그리는 것으로 순서도 바뀌었다. 동엽이는 다른 학생보다 학습 속도가 조금 빨라서 기다리는 일이 있었다. 그때 그림을 그리는 것이다.

산만한 아이에겐 차근차근 알려주는 사람이 필요하다

오늘은 초성 게임을 하기로 했다. 초성 게임은 아이들이 무척 좋아한다. 어렵지도 않고 누구나 할 수 있으며 못해도 덜 창피하게 느껴지는 것 같다. 즉, 아이들이 이 게임이 공부와는 직접적인 관련이 없다고 생각해서 기가 덜 죽는 듯했다.

우리는 관심이 있어서 자주 보거나 들은 내용에 관한 다큐멘터리를 볼 때는 이해하기가 어렵지 않다. 하지만 처음 듣는 내용을 볼 때는 무슨 말인지 전혀 이해가 되지 않는다. 예를 들면 축구에 관심이 많고 관련 서적이나 시합을 본 아이들에게 클래식 음악회를 보여주면 아이들은 금방 지루해하고 음악을 듣고 어떤 느낌이 드는지조 차 말하기 어렵다. 하지만 클래식을 전공하려고 공부하는 아이들에 게는 그리 어렵지 않다. 그러나 클래식을 공부하는 아이들에게 축구 시합의 영상을 보여주고 분석하라고 하면, 이 아이들은 지루해하고 전혀 이해할 수도 없을 것이다. 이처럼 자신이 배경지식이 있는 것을 접할 때 더 잘하는 법이다.

초성 게임은 공부를 잘하는 아이도, 못하는 아이도 익숙한 부분 에서는 잘 생각이 나고, 익숙하지 못한 부분에서는 잘 생각이 안 난 다는 공통점이 있다. 하지만 이 게임은 자신이 아는 단어를 머릿속 에서 계속 생각하고 찾아내야 하는 것으로 머릿속에 저장된 정보를 인출하는 데 좋은 훈련법이 될 수 있다.

세 명이 모두 자신이 먼저 하겠다고 손을 든다. 순서는 공정하게 가위바위보로 정했다. 나중에 하게 된 희진이가 짜증을 내면서 안 하겠다고 뒤에서 딴짓한다. 하지만 희철이가 먼저 초성 문제를 내자 동엽이와 내가 맞히려고 노력하며 재미있게 노는 모습을 지켜보던 희진이가 갑자기 대답하며 맞혀버렸다.

"희진이도 할래?"

희진이는 "할래요."라고 대답하며 은근슬쩍 자신의 차례가 아닌 데 앞으로 나온다.

"아니야, 지금은 동엽이 차례야. 희진아 좀 있다 하자."

희진이가 이내 짜증과 신경질을 내고 소리를 빽 지르며 쾅쾅거리고 걸으면서 자신의 자리로 가서 앉는다. 그리고 삐딱하게 고개를 들고 화난 표정으로 문제를 내는 동엽이를 쳐다본다. 희진이는 세 명의 형이 있다. 이 형들은 거친 편이라고 했다. 희진이가 아주 어렸을 때부터 형들은 희진이를 거칠게 대했고, 희진이는 이런 거친 행동들을 자연스럽게 익혔다. 그리고 이 행동은 친구들 사이에서 그대로 나타났다. 게다가 충동적이었다.

동엽이 차례가 끝나고 희진이 차례가 되자 언제 그랬느냐는 듯이 얼굴에 웃음이 가득한 채로 칠판 앞으로 나온다.

"음, 뭐할까?"

희진이는 선뜻 문제를 내지 못하고 계속 고민한다.

"빨리해."

"그러려면 들어와."

"싫어, 메롱."

"음식으로 해도 돼, 희진아."

내가 힌트를 주자 희진이가 칠판에 'ㅂㄱㄱㅂㄱ'라고 쓴다. 그리고 "나 어제 먹었어."라고 힌트를 준다. 아이들이 여러 가지 음식을 이야기한다. 희진이가 문제를 못 맞히는 것에 재미있어하며, 친구들에게 힌트를 더 주어 맞힐 수 있도록 해준다.

이번에는 내가 문제를 내고 아이들이 맞히게 했다. 서로 자신이 먼저 손을 들었다고 난리를 치면서 답을 이야기하기도 했다. 진행이 어려워 다른 방법으로 정답을 말하도록 했다. 세 명이 함께 의논해서 정답을 말하게 했다. 이때 세 번안에 맞히면 보상을 주기로 했다. 세 명이 서로 의견을 내면서 "네 것은 절대 아니야.", "내 말이 맞아." 라며 언성이 높아지기도 한다. 나중에는 힌트를 좀 달라고 애원하기도 한다. 결국에는 정답을 맞히고 서로 바라보며 환호하고 보상을 받아간다. 이 아이들은 모둠 활동에서 모두 다 함께 의견을 내고 조율하는 과정을 통해 성공한 경험은 하지 못했었다.

요즘 초등학교 수업 시간에는 모둠을 형성하여 협동을 통해 과제를 해결하는 활동을 하는 모습을 흔히 볼 수 있다. 나 혼자 다 하겠다고 하거나, 재미있는 것만 하려고 하거나, 계속 불평만 늘어놓거나, 심술을 부리면서 방해하는 아이는 함께 모둠 활동을 하기 어렵다. 특히 중·고등학교에서는 모둠 과제가 수행 평가로 이어져서 아이들이 예민하게 반응한다. 또한, 또래 관계는 학업뿐만 아니라 학교 적응과도 상관이 있다. 아동기의 교우 관계가 원활하면 자신감을 얻고 자신에 대해 긍정적인 가치를 형성할 수 있고, 학교에도 잘 적응하여 즐겁게 학교생활을 할 수 있다. 또한, 학교생활에서 어려움이 생겨도 이겨낼 힘을 친구에게서 얻을 수 있다.

따라서 학교에서 적응하거나 학업을 무리 없이 진행하려면 또래 관계가 중요하다. 관계를 잘 맺으려면 상대방이 어떤 것을 원하는지를 알아채는 센스와 자신의 의견을 솔직하게 표현하는 능력이 필요하다. 친구의 눈치를 살피는 것이 아니라 '아, 이 친구는 이것을 원하는구나.' 하고 알아차리는 것이다. 또 나를 지나치게 강조하거나 원하는 것을 얻겠다고 고집부리지 않고 "나는 이 방법보다 저 방법이 더 좋을 거 같아."라며 의견이나 느낌을 솔직하게 표현하고 조절해야 한다.

아이들이 이런 생각을 자연스럽게 하고 표현하려면 가정에서 부모와 대화를 많이 해야 하며, 특히 긍정적인 대화가 중요하다. 농담이라도 무시하는 듯한 말은 자녀의 자존감을 손상할 수 있다. 또 대화할 때 부모가 자녀의 이야기를 경청해주어야 한다. 누군가 내 말을 잘 들어주면 기분이 좋아지고 자신감이 생겨난다. 부모가 아이에게 의견을 표현할 때도 솔직하게 해야 한다. 혹시 아이와 의견이 다를 때는 부모의 의견을 강요하는 것이 아니라 함께 의논하고 타협하는 과정을 거쳐야 한다. 이런 경험을 가정에서 한다면 친구와 맺는 관계에서도 자연스럽게 나타날 것이다.

동엽이, 희철이, 희진이가 함께하는 초성 게임을 통해 다른 친구들과 이견을 조율하고 의견을 통일하며 자신의 역할에 책임을 지는 경험을 하기를 바랐다. 이 활동을 하면서 함께 노력해서 얻은 성취감은 아주 작은 것이지만, 이러한 작은 것들이 모여 아이들에게는 좋은 밑거름이 될 것이다.

희진이는 3학년이지만 한글을 읽고 쓰는 것이 많이 부족하다. 글의 내용 파악도 어려워한다. 하지만 절대로 그것을 들키지 않으려고 노력한다. 모르면 하기 싫다고 하며 온돌로 된 교실을 이리저리 뛰어다닌다. 하지만 글을 주면서 보고 쓰도록 하면 제자리에 앉아 끝까지

하고 예쁘게 꾸미기도 하여 아주 성실한 결과물이 나온다. 희진이는 차근차근 천천히 알려주는 사람이 필요했다. 희진이가 어려워하는 것을 하나하나 알려주면 제자리에 앉아서 곧잘 해서 칭찬을 받는다. 그런 자신의 모습이 좋기도 하고 부끄럽기도 한 모양이다.

자기 주도 학습이 거의 마무리되어 가던 어느 날, 희진이가 나와 함께 공부하고 있는데 다른 친구들이 질문하거나 시끄럽게 하자 이렇게 소리를 질렀다.

"나 지금 공부하잖아."

나도 모르게 웃음이 나온다. 희진이는 아주 산만한 아이다. 잠시도 가만히 있지 못한다. 갑자기 발레를 한다고 춤을 추기노 하고, 아무 일도 없는데 냅다 소리를 지르기도 한다. 이유를 물어보면 웃으면서 "그냥요."라고 대답한다. 제자리에 앉아서 학습하는 것이 지루하고 답답하게 느껴져서 나오는 행동이다.

희진이가 학습할 때 산만해지는 것을 줄이고자 과제의 양을 조절했다. 주어진 양을 다 하고 나면, 하고 싶은 것을 하도록 했다. 해야 할 과제를 처음에는 아주 작은 양으로 시작했다. 그리고 해야 할 것을 다 하고 나면 칭찬을 아끼지 않았다. 그다음에는 양을 조금 늘려서 하게 했다. 그러면서 점차 한자리에 앉아서 공부하는 시간이 늘어났다. 아직은 가만히 앉아서 공부하는 것이 답답한 듯 갑자기 소리를 지른다. 그러나 이 모습 또한 조금씩 줄어들어 가고 있다.

감정을 어떻게 표현해야 할지 몰랐던 아이

늘 나보다 더 일찍 오는 희철이. 희철이는 공부방에 오면 항상 종이접기를 하고 있다. 아마 첫날의 일 때문이리라는 생각이 든다. 첫날 다른 아이들은 제자리에 있지 않고 자신이 하고 싶은 대로 뛰다 다치거나, 화가 나서 책상 밑에 들어가 있거나 했었다. 하지만 희철이는 종이접기를 하고 있었다. 그 모습에 칭찬하지 않을 수 없었다. 그날 이후 종이접기는 계속되었다.

희철이네는 누나하고 아버지하고, 이렇게 셋이서 함께 살고 있다. 희철이 부모는 희철이가 어렸을 때 이혼했다. 희철이 누나는 인터넷 중독으로, 특히 게임을 많이 하는데, 신경질을 잘 내고 희철이에게 심부름도 자주 시킨다고 했다. 아버지는 두 아이를 챙기려고 노력하긴 하지만, 두 명의 아이를 키우는 것이 힘에 부치는 것 같았다. 가끔 구멍 난 양말을 신고 온 희철이는 그것이 창피한지 엄지발가락이 쏙 나온 양말을 잡아당겨 발로 밟아 구멍을 발바닥 밑으로 감춘다.

희철이의 첫인상은 묵직하고 조용한 성격으로 보였다. 하지만 학교에서는 화를 많이 내고 아무것도 하지 않으려고 한다고 전해 들었다. 그리고 교우 관계도 원만하지 못해 싸우거나 혼자 지내는 일이 많았다.

"이거 뭐 접은 거야?"

"공이요."

"어려워 보이는데 어떻게 접었어?"

"책보고요."

"우아, 꼼꼼하게 잘 접었다."

"이거 별로 안 어려워요."

종이접기를 잘한다는 칭찬, 그것을 끝까지 해내는 것에 대한 칭찬, 차분하게 오랫동안 잘 앉아 있다는 칭찬, 꼼꼼하게 잘 접는다는 칭찬 등등을 늘 해주었다.

"그렇구나, 선생님도 가르쳐주라."

"네."

"나도 가르쳐줘."

희진이가 다가와서 희철이에게 말을 건넨다. 하지만 희철이는 "넌 싫어."라며 거절한다.

"왜?"

희진이가 빽 하고 소리를 지른다.

"아, 시끄러워. 알았어, 가르쳐줄게."

"가르쳐줘.", "싫어."가 몇 번 반복된 후에야 희철이가 가르쳐준다고 한 것이다. 하지만 희철이도 희진이가 가르쳐달라고 한 말이 싫지만은 않은 듯했다.

"나도 할래."

동엽이도 끼어든다. 희철이가 두 아이에게 방법을 가르쳐주지만, 희철이의 지도 능력이 좀 부족한지 결국 두 아이 모두 공 만들기에 실패한다. 희철이가 답답하다고 뭐라고 하더니, 자기가 공을 만들어서 희진이, 동엽이에게 건네준다. 공을 건네받은 두 아이는 고맙다는 말을 하지 않는다. 결국 참고 있던 내가 한마디 하고 말았다.

"희철이가 만들어준 건데 고맙다고 해야지."

"고마워."

내가 시켜서 하는 감사의 표현이라 합창이 되어버렸다. 억지로 들은 고맙다는 말이긴 하지만, 희철이는 친구한테서 들은 말에 별 반응이 없다. 아마 친구에게서 이런 말은 들은 적이 거의 없었을 것이다. 이 사건으로 세 아이는 친구와 의사소통하는 방법을 하나 익힌 셈이다.

혼자서 종이접기 순서를 외우는 희철이는 학습에 흥미가 생긴다면 잘할 수 있으리라고 생각했다. 그래서 읽기를 할 때도 "어제보다 잘했다.", "아까보다 잘했다.", "내일은 조금 더 잘할 수 있을 거야." 등 자신이 잘하고 있음을 알 수 있도록 격려하고, 상담사에게 잘하고 있다는 인정을 받는 것을 느끼게 했다. 그리고 노력하는 모습에도 칭찬과 격려를 잊지 않았다. 인정 욕구가 커 보였기에 더욱 강조하여 말했다.

희철이는 학습하는 시간이 점차 늘어나고 있었고, 학습 시간에 주어진 지문의 내용을 꼼꼼하게 읽고 그에 딸린 문제들을 푸는 것에도 자신감이 생긴 것 같았다.

"희철아, 예전보다 훨씬 잘하는데? 알고 있어?"

"어제 국어 시간에 발표도 했어요."

"우아, 정말 대단하다."

주변에 있던 아이들도 희철이 말에 쳐다본다. 자기 주도 학습을 하기 전에 교실에서는 화를 내기도 하고, 소리도 지르고, 아무것도 안 하던 그 아이가 수업 시간에 발표했다니…….

일하느라 바쁜 아버지. 게임에 빠져 사는 누나. 희철이에게 관심을 기울여줄 사람은 없었다. 어쩔 수 없는 상황을 잘 아는 희철이는 가정에서는 조용한 아이였지만, 관심을 받고 싶고 인정을 받고 싶은 욕구마저 버릴 수는 없었다. 이 욕구를 학교에서 채우고 싶은데, 그것이 여의치 못하자 자신만의 방법으로 욕구를 쏟아낸 것이었다. 희철이는 어떻게 표현해야 하는지 몰랐던 것뿐이다.

아이들은 함께 성장하고 있다

처음에 아이들은 서로 친해지기 어려울 것 같은 분위기였다. 방에는 큰 책상이 가운데 있고, 그 주변으로 작은 책상이 다섯 개가 있다. 이 책상들에 의자는 없었고, 방바닥에 앉아서 공부해야 한다.

처음에 큰 책상에 모여서 하자고 했을 때 세 명 모두 "싫어요."라고 외쳤다. 한 책상에 모여 있으면 내 시야에 아이들이 다 들어오니 관리도 편하고 학습 진행 정도를 파악하는 것도 수월하다. 하지만 처음에는 서로 으르렁거리며 영역을 표시하려는 사자 같아 할 수 없이 각자 마음에 드는 자리에 앉도록 했다. 정말 셋이서 최대한 멀리 떨어져 앉았다. 방으로 된 곳이어서 나는 이곳에서 저곳으로 옮겨 다니며 앉았다가 일어섰다가를 반복하며 아이들 옆으로 갔다. "아이고, 무릎이야."란 말이 절로 나올 지경이었다.

하지만 아이들은 언제부터인지는 알 수 없지만 중앙 큰 책상에 모여서 학습하고 있다. 초성 게임을 하면서 협동하고, 그림을 잘 그리는 아이에게 서로 칭찬해주고, 친구를 위해 종이로 공을 접어 선물하는 과정을 통해 친구와 의사소통하고 함께 어울리는 즐거움을 조금이나마 느꼈을 것이다.

함께 공부한 내용으로 시험을 보기도 했다. 정식 시험은 아니었고, 공부한 내용을 잘 알고 있는지 확인하는 정도였다. 그래도 시험은 시험이었다. 처음에 시험이란 단어에 저항하기도 했지만, 점차 잘 맞히겠다는 의지가 보였다. 그 의지는 쉬운 문제를 모두 맞히고 100점을 받는 데서 시작되었다. 한 번도 받아보지 못한 점수, 100점. 아이들에게 열심히 했으므로 받을 수 있었다고 설명해준다. 사실이다. 아무리 쉬운 내용도 보지 않고 외우지 않으면 모르기에 각자 모두 노력한 것이다.

"내 거 보지 마."

"안 봤어."

"너 그림 잘 그린다."

"이거 정말 웃긴다."

"야, 방귀 뀐 사람 누구야?"

"나 아냐."

"하하."

"하하."

"하하."

아이들이 서로 화내고, 싸우고, 때리는 일은 여전히 일어난다. 하지만 함께 앉아서 공부도 하고 이야기도 하고 웃는 시간이 생겨나고 있다. 학교에서 혼자 지내던 세 명의 아이는 점차 친구가 되어가고 있는 듯이 보였다.

학습을 효과적으로 하는 방법이라고 하면, 학습에 관한 기술을 알려준다고 생각할 수 있다. 하지만 아무리 좋은 학습 방법도 받아들일 마음이 있어야 효과적이다. 이 아이들에게도 학습 방법을 알려주고 연습도 했다. 하지만 기법이나 방법을 알려주는 것이 주된 목표는 아니었다. 자기 주도 학습을 통해 그들의 딱딱한 마음을 누그러뜨려 받아들일 수 있는 준비를 하는 것이 목표였다. 아이들과 함께하면서 '나도 할 수 있구나.', '함께하니 재미있다.', '이렇게 하니 칭찬을 받는구나.' 등의 생각을 아이들이 한 번이라도 할 수 있게 하는 것이 중요했다.

마지막 시간은 늘 있지만, 오늘은 조금 다른 느낌이다. 아이들은 마지막 시간인데도 여전히 즐거워 보인다. 즐거워하는 모습에 기쁘기도 하지만, 한편으로는 섭섭한 마음도 든다. 마지막 인사를 하고 신발을 신는 아이들의 뒷모습을 보면서 이번 자기 주도 학습이 희철이, 동엽이, 희진이의 인생에서 하나의 밀알이 되어 앞으로 더욱 발전해 나가리라고 확신한다.

이렇게 아이들이 발전하리라고 확신하게 된 것은 아마도 다음 장에 나오는 옥주 때문일 것이다. 옥주를 만난 지 3년이 되었지만, 옥주는 아직도 궁금한 것을 질문하고, 안부를 물어오고, 보고 싶다고 말해주는 감사한 아이다.

버팀목이 없어서
늘 시험이 불안한 아이

　대부분 아이들은 공부를 잘하고 싶어 한다. 그래서 열심히 한다. 그런데 공부를 잘하는 아이들에게는 공부를 잘하고 싶은 이유가 있다. 다른 사람들에게 평가를 잘 받고 싶어서, 또 누군가에게 기쁨을 주고 싶어서, 자신의 꿈을 이루는 데 공부가 필요해서, 모르는 것을 알아가는 기쁨을 위해 등 여러 가지가 있다. 이러한 것들이 공부를 열심히 하게 하는 원동력이다.

　평가를 잘 받고 싶다는 것은 다른 사람들의 눈에 비치는 자신의 모습이 좋게 평가되기를 원하는 것이다. 일반적으로 타인의 평가가 자신이 생각한 것보다 낮으면 실망하게 된다. 처음에는 더 노력하겠지만 노력하는 과정이 점점 힘들어진다. 점차 실패에 대한 두려움이 커지고, 자아 효능감도 낮아진다.

자아 효능감은 공부나 다른 일을 할 때 성공적으로 조직하고 실행할 자신의 능력을 스스로 아는 것이다. 자신에게 잘해낼 능력이 있다는 믿음은 어려운 공부나 힘든 상황을 이겨낼 수 있게 한다.

다른 사람의 기쁨을 위해 공부하는 것은 자신을 위한 일은 아니지만, 그 사람이 기뻐하는 모습을 보면서 자신이 행복해지기에 노력도 할 수 있다. 이때 부모가 열심히 노력하는 모습에 고마움을 표현하면, 아이는 자신이 열심히 노력하는 것에 기쁨을 느낄 수 있다.

옥주는 할머니를 위해 노력하던 아이다. 그 노력의 결과가 좋지 않을까 봐 늘 걱정했다. 할머니가 속상해하고 슬퍼하실까 봐 걱정했다고 하는 편이 더 정확하다.

옥주는 성인이 되었어도 감사하다고 연락해온다. 지난 12월 마지막 날에도 옥주는 감사의 문자를 보내왔다.

"선생님 1년 동안 감사했습니다. 새해 복 많이 받으시고 건강하세요. HAPPY NEW YEAR."

이 문자는 내 입가에 미소를 짓게 했다. 더불어 '잘 살고 있구나.'란 생각이 들면서 나 스스로 대견함을 느끼게 해준다. 그리고 나도 고마운 친구, 스승, 주변 사람을 떠올리게 한다.

옥주는 늘 불안한 아이였다. 불안은 공부를 열심히 하면서도 자신을 의심하게 했고, 자신감을 품지 못하고 자신이 좋아하는 사람이 제 곁을 떠날까 봐 전전긍긍하게 했다.

친구들과 다툼이 잦은 아이

그 아이, 옥주를 만난 지 벌써 3년이 되었다. 상담은 종결되었지만 시험 때가 되면 어김없이 어떻게 공부해야 하는지 질문하는 문자가 온다. 그럴 때면 정성을 다해 옥주의 상황에 맞춘 과목별 방법을 문자에 담아 보낸다.

'내가 보낸 문자를 이해했을까?'

이렇게 걱정하는 나에게 옥주는 항상 "아, 그렇구나. 알겠습니다!", "선생님 짱이에요!"라는 문구와 함께 예쁜 이모티콘을 보내온다. 그럴 때면 상담사인 내가 옥주를 돕는 건지 옥주가 내게 격려해 주는 것인지 헷갈린다. 그 문자를 보면서 내가 괜찮은 사람이라는 생각이 드니 말이다.

옥주는 처음 만났을 때부터 긍정적인 아이였다. 어쩌면 그렇게 보이도록 노력했을지도 모른다는 생각이 들기도 했다. 무엇이든지 알려주면 좋아하고, 신기하다는 듯이 반응했다. 마치 스펀지처럼 내 말을 다 빨아들일 듯한 모습이었다.

하지만 학교생활은 그렇게 원만하지 않았다. 친구들에게 거짓말을 많이 하고, 뒷담화를 자주 하는 학생이었다. 그래서 친구들과 다툼이 잦았다. 때론 친구가 자신이 뒷담화한 것을 알았다고 하면서, 오히려 화를 내기도 했었다. 그러고는 그 친구가 자신을 먼저 공격해서 뒷담화를 한 것뿐인데 자신에게만 잘못이 있는 것처럼 돌아가는 상황이 억울하다고 했다.

옥주는 친구들과 어떻게 관계를 맺어야 잘 지낼 수 있는지 알지 못하는 듯했다. 이런 교우 관계에서 겪는 어려움은 수행평가를 할 때도 나타났다. 수행평가는 혼자서 할 때도 있지만, 팀을 짜서 함께 해야 할 때도 있다. 이때 팀 구성원의 특성에 따라 높은 점수를 받을 수도 낮은 점수를 받을 수도 있다. 그래서 팀을 구성할 때 아이들은 예민해지기도 한다.

옥주네 학교에서도 팀 과제 수행평가가 있었다. 옥주는 역시 수행평가 과제를 함께해야 하는 팀원들에게 인기가 없었다. 같은 팀이 된 친구들과 잘 어울리지 못해 공격을 당하기 일쑤였다. 상담 중에도 같은 팀 아이들이 찾아와서 왜 약속을 지키지 않느냐고 따진 일도 있었다.

"어제 모이기로 했는데 너 왜 안 왔어?"

"어제 할머니가 편찮으셔서 집에 갔어."

"너 또 거짓말이지? 저번에는 언니가 아프다고 갔잖아."

"아니야!"

옥주가 버럭 소리를 지른다. 하지만 아이들은 화가 날 대로 나 있었다. 성난 아이들에게서 옥주를 분리해야겠다는 생각이 들어 상담해야 할 시간이라고 말하고 상담실로 데리고 갔다. 옥주는 어이없다는 듯한 표정으로 앉아서 다른 아이들이 너무하다고 한다.

"여기까지 와서 이러는 건 너무한 거 아니에요?"

"옥주야, 할머니 많이 편찮으시니?"

"이제 다 나으셨어요."

옥주 목소리가 좀 가라앉는 듯하다.

"다행이다. 옥주는 할머니가 제일 소중하다고 했잖아. 정말 다행이야."

옥주의 어깨가 축 처지면서 잠시 머뭇거린다.

"사실, 제가 친구들한테 거짓말했어요. 그 친구들과 함께 모이는 게 싫어서 집에 갔어요. 모여도 저는 별로 할 일이 없어요. 이상한 것만 하래요."

사실 옥주는 어느 그룹에서도 선뜻 받아들여지지 않았다.

팀 과제는 장점이 많다. 서로 협동하고 이견을 조율해가는 것을 배울 수 있다. 하지만 단점도 있다. 소위 왕따나 은따는 갈 팀이 없기 때문이다. 그래서 선택되지 못한 아이들끼리 한 팀이 되기도 한다. 그런 상황에서 또 상처를 받는 아이들이 생겨나게 마련이다.

옥주는 선생님을 원망하는 말을 한다. 왜 하고 싶은 사람끼리 하라고 했는지 모르겠다고 속상해하며, 차라리 번호순으로 했으면 좋겠다고 한다. 상담실에 왔던 아이들과 화해할 필요가 있었다. 그래야 팀 과제를 잘 마무리할 수 있고, 그 친구들과 관계가 좋아져서 교실에서 더는 미운 오리가 되지 않을 수 있다.

다음날 학교 전문 상담사 선생님의 주최로 아이들이 의견 조율을 위해 모였다. 학교 전문 상담사 선생님은 모두 모여 대화하기 전에 아이들을 따로 만나 그들의 요구를 들어보았다. 팀원들이 옥주와 함께 과제를 하지 않겠다고 했다. 다만 옥주가 그동안 거짓말한 것을 진심으로 사과하면 같이 하겠다고 했다. 이 사실을 전해 들은 옥주는 알았다고 했다. 그래서 옥주의 사과를 듣고자 모두 모인 것이다.

"선생님, 저 너무 무서워요."

나는 어리둥절했다. 너무 당당하게 그 아이들 앞에서 큰소리로 말하던 옥주의 모습이 아니었다. 옥주는 그 친구들은 무서운 아이들이고, 자신을 때릴 것 같다고 하면서 울어버린다.

옥주는 실제로 잘못한 것이 많았다. 약속한 준비를 해오지 않기도 하고, 함께 모여야 할 시간에도 사전에 아무 말도 없이 집으로 갔다. 이러니 팀원들이 화가 나서 사과하라고 주장하는 것이다.

옥주에게 어떤 방식으로 사과할 것인지 물어보고 싶었지만 참았다. 옥주는 그냥 "미안해. 됐지?"라고 할 것 같았다. 옥주에게 사과한다는 것의 의미를 알리고 어떻게 사과해야 하는지 연습을 시킬 필요가 있었다. 긴장되어서 할 수 없을 것 같던 일도 미리 연습해보면, 실제 상황에서 다소 긴장을 풀 수 있다.

옥주는 연습 도중에 "제가 왜 사과해야 해요? 그냥 과제 혼자 할래요."라고 말하며, 그 아이들에게 사과하는 것을 많이 힘들어했다. 하지만 여기서 그만두면 옥주는 학교에서 누구와도 함께하기 어려워질 것이다. 옥주를 달래면서 다시 역할극을 했다. 그러는 동안 옥주는 천천히 친구들에게 사과할 용기를 내고 자신이 무엇을 잘못했는지를 알게 되었다. 다행히도 옥주의 사과는 받아들여졌고, 옥주는 친구들과 함께 과제를 완수할 수 있었다.

비합리적인 불안에 시달리는 아이

사실 옥주는 어머니처럼 자신이 사랑해줄 사람, 자신을 지켜줄 사람이 자신을 떠날까 봐 불안해했다. 옥주 어머니는 세 명의 자매를 남기고 집을 나갔다. 옥주가 다섯 살 때다. 그래서 세 자매는 할머니와 함께 살아야 했다.

다행히도 할머니는 너무도 귀하게 손녀들을 대했다. 당신은 굶어도 세 자매는 입히고 먹이고 가르쳤다. 할머니는 이런 상황에서도 누구도 원망하지 않았다. 며느리가 집을 나간 것도 당신 자식이 부족하기 때문이라고 했다. 상담 중에 옥주 할머니와 통화했는데, 마치 내 할머니와 통화하는 듯 친근한 기분이었다.

옥주는 중학생인데도 할머니가 동네 마실을 가는 것조차 싫어했다. 할머니가 외출하면 계속 전화해서 언제 오는지 묻곤 했다. 할머니가 조금 늦게 돌아오면, 옥주는 울음을 터뜨렸다.

"할머니가 늦으면 집에 아주 안 오실 것 같은 생각이 들어요. 할머니가 오실 걸 알지만, 혹시 사고라도 나면 어떡해요?"

그래서 불안해서 잠을 잘 수도 없고, 아무것도 할 수가 없다고 한다. 할머니가 돌아올 때까지는 말이다. 이런 옥주의 모습에 할머니는 자신이 죽고 난 후 옥주가 어떻게 살아갈지 많이 걱정했다. 할머니가 잠시만 보이지 않아도 저렇게 안절부절못하는 옥주의 모습을 보면, 걱정하는 것은 당연했다.

옥주는 불안한 만큼 할머니에게 짜증과 신경질도 많이 냈다. 그 때문에 사랑하는 할머니와 다투는 일이 많았다. 할머니에게 대들고 나서 죄책감에 눈물을 흘리며 죄송하다고 사과하는 일이 반복되었다.

"할머니를 위해서 공부하는 거예요. 공부하면 할머니가 좋아하세요."

"어제 할머니한테 소리 질렀어요. 오늘은 가서 집안일을 도와드릴 거예요."

옥주는 할머니에게 자신도 모르게 짜증을 부리고 나면 미안해하면서 할머니를 위해서 무엇이든지 하려고 했다. 할머니도 옥주의 이런 행동을 모두 이해하고 있었다.

"지 엄마가 없어진 것처럼, 나도 그럴까 봐 그러는 거 같아요."

옥주의 비합리적인 불안은 시험에서도 크게 작용했다. 시험을 보기 전부터, 아니 시험공부를 할 때부터 성적이 향상되지 않을까 봐, 모르는 것만 많이 나올까 봐, 안절부절못했다. 그리고 시험 시간에는 심장이 두근거리기도 하고, 자신이 공부한 것이 하나도 생각나지 않았던 적도 있다고 한다. 그런 경험은 시험에 불안을 느끼게 한다. 나는 옥주에게 늘 같은 말을 했다.

"괜찮아. 다 잘 될 거야."

시험불안을 느끼는 학생이 뜻밖에 많다. 공부를 잘하는 아이도, 다소 부족한 아이도 마찬가지로 시험불안을 안고 있다.

시험불안을 느낀다면 우선 그 불안이 자연스러운 것인지, 상담이나 치료가 필요한 것인지를 알아보아야 한다. 자연스러운 시험불안은 원인이 무엇인지 알아볼 필요가 있다. 단순히 시험에 대한 부담 때문인지, 엄마의 잔소리와 강압적인 태도로 결과에 느끼는 불안감인지 구체적으로 탐색해야 한다.

시험불안은 먼저 심리적 안정이 필요하다. 여러 가지 방법 중 명상은 심리적 안정을 도울 수 있다. 쉽게 다가갈 수 있는 방법으로는 심호흡이 있는데, 코로 숨을 깊게 들이마시고 입으로 천천히 내보내는 것이다. 그리고 시험에 대한 부정적인 생각을 재구성한다. "나는 늘 시험을 못 봐."라고 생각하는 아이에게는 작은 쪽지 시험이라도 노력해서 좋은 성적을 얻은 경험을 떠올리게 한다. 그래서 늘 못 본다는 부정적인 생각을 재구성해야 한다. 또 시험 전략을 알고 시험 전부터 미리 대비하여 시험 당일에는 자신감을 품고 시험에 임하는 것이 좋다.

시험에 불안이 높은 아이들은 시험을 못 볼 것을 예상하고 두려워한다. 하지만 자신의 능력을 높게 평가하는 아이들은 미리 자신의 실패 경험을 예상하지 않는다. 또 실패한다고 할지라도 그 실패를 두려워하지 않는다.

옥주의 불안은 일반적인 증세를 좀 넘어서는 듯했다. 그래서 전문가의 진료가 필요하다고 생각했다. 우선 옥주의 종합심리검사를 신청했다. 연로한 할머니에게는 종합심리검사에 좋지 않은 선입견이 있을 수 있을 것 같아 아주 완곡한 표현으로 권유했다.

"옥주에게 도움이 되는 것이라면 뭐든지 다 해야죠. 아이고, 선생님, 그것도 무료로 진료를 받게 해주셔서 고맙습니다."

나의 걱정은 필요 없는 것이었다. 하지만 아마도 할머니는 무척 속상했을 것이다.

병원에서 만난 옥주나 옥주 할머니의 모습은 밝아 보였다. 하지만 막상 의사 선생님과 면담하려고 하니 옥주도 할머니도 긴장했다. 결과는 일주일 후에 나온다.

일주일 후, 옥주와 할머니는 긴장한 모습으로 대기실에 있다. 옥주의 검사 결과는 염려한 것처럼 불안 증세가 심하여 약물치료와 상담이 필요했다. 그리고 언어적 이해 능력이 많이 떨어져 학습 치료도 병행하기로 했다.

이런 결과를 옥주는 담담하게 받아들였다. 약을 먹으면 공부를 잘할 수 있는지 먼저 물어본다. 아마 자신이 공부를 잘해서 할머니를 기쁘게 해드릴 수 있는 데 필요한 것으로 생각하는 듯했다.

"약을 먹으면 마음이 조금 편해질 거야. 아마 마음이 편해지면 공부할 때도 편해지지 않을까? 그러면 공부도 잘되겠지."

"아, 그렇겠네요."

옥주는 철없고 천진난만한 아이처럼 공부하는 데 도움이 되리라는 나의 말에 좋아한다. 그 모습에 코끝이 찡했다.

이후 옥주는 치료와 상담을 잘 받았다. 약을 복용하면서 옥주의 불안이 조금씩 나아지고 있었다. 불안이 줄어드니 공부할 때 집중하는 시간이 늘어났다. 옥주는 약을 먹으니 불안한 마음이 줄어들고 시험불안도 어느 정도 좋아진 것을 느꼈던 모양이다.

"약은 잘 먹고 있어?"

"병원에 가는 것이 힘들어요. 그래서 이제 병원에 안 가려고요."

"약은?"

"아껴서 먹으려고요."

이게 무슨 말인지 나는 걱정이 앞선다.

"아껴 먹다니? 그게 무슨 말이야?"

"병원에 안 갈 거니까 있는 약을 아껴 먹으려고 하는 거예요. 그 약을 먹고 시험을 보니 불안하지 않았어요."

불안하지 않아서 시험을 잘 봤다고 생각하는 듯했다. 어느 약이든지 임의로 중단하는 것은 위험하다. 담당 의사 선생님과 상의해야 한다. 그리고 옥주는 자신이 먹는 약을 오해하고 있어서 의사 선생님과 상의할 것을 부탁했다. 그리고 할머니에게도 연락해서 다시 병원에 갈 수 있도록 했다.

꾸준한 칭찬과 격려가 만든 용기

옥주의 성적은 정말로 뒤에서 5등 안에 들었다. 하지만 공부를 안 하는 학생이 아니었다. 학원도 매일 다니고, 교과서나 프린트를 보면 필기도 우등생 못지않게 꼼꼼하게 잘되어 있었다. 수업시간에도 열심히 듣는 아이였다. 하지만 머릿속에 남아 있는 것이 거의 없었다.

옥주는 열심히 학원에 다녀야 한다고 했다. 가정 형편이 어려운데도 할머니가 보내준 것이기 때문이란다. 그래서 상담 시간도 학원과 겹치지 않도록 조정했다. 학원에 다니기 힘들지 않느냐란 질문에 자신은 좋다고 했던 옥주가 어느 날 학원을 꼭 다녀야 하는지 물어본다.

"왜 오늘은 학원에 가기 싫으니?"
"거기 선생님이 자꾸 저를 무시해요. 이런 것도 모르느냐고요."
"모르니까 학원 다니는 건데. 너무하네, 그 선생님."

옥주는 학습 면에서는 많이 부족했다. 두세 번의 설명으로는 이해하지 못했으며, 암기도 잘 안 되는 아이였다. 쉬운 수학 문제도 거의 풀지 못하는 수준이었다. 병원에서도 학습이 매우 어려울 수 있다고 했다. 옥주의 상황을 모르는 학원 선생님은 그저 답답하기만 했을 것이다.

옥주 같은 아이를 지도할 때는 많은 배려와 격려가 필요하다. 지도하는 사람도 끈기가 필요하다. 그런 사실을 잘 모르고 지도하게 될 경우, 아이는 성장하기보다 오히려 전부를 포기하게 되거나, 무력감에 빠지게 되거나, 충동적인 행동을 하게 되기도 한다. 마음의 상처를 갖고 다니는 것보다 자신에게 맞는 곳에서 도움을 받는 것이 나을 것 같았다. 결국 학원을 그만두게 하는 편이 좋겠다는 생각으로 할머니와 통화했다.

"할머니, 옥주가 학원 다니는 것이 힘든 거 같아요. 다른 방법을 찾아보면 어떨까요?"

"안 돼요. 우리 형편에 학원비 대는 게 어렵긴 하지만, 그건 안 돼요."

할머니가 단호하게 말했다.

"혹시 모르잖아요. 더 잘될 수도 있는데요."

맞다. 더 잘될 수도 있다. 그건 누구도 알 수 없는 일이다. 옥주도 학원을 그만두는 것을 불안해했다. 할 수 없이 당분간은 지켜보기로 했다.

시험 기간이 되자 공부를 열심히 하겠다고 다짐하면서 상담 시간에도 모르는 것을 질문한다. 사실 옥주는 공부 방법보다 마음의 안정이 더 필요한 아이다.

옥주에게는 아주 기본적인 방법을 알려주고, 계속 반복하도록 했다. 정말 다행인 것은 자신을 스스로 격려하고, 파이팅을 외치는 긍정적인 모습을 갖고 있다는 것이다. 나도 그런 옥주를 적극적으로 칭찬해준다. 옥주는 그러면서도 불안한 마음이 드는지 공부하다 말고 내게 물어본다.

"선생님, 저 이번 중간고사에서 성적이 오를 수 있겠죠?"

"물론이지. 잘할 거야. 그런데 옥주야, 성적은 한 번에 오르지 않는단다. 확실한 것은 네가 오늘 공부했지만 성적이 오르지 않아도 공부한 것은 네 거야, 그리고 꾸준히 공부하다 보면 성적은 오른단다."

차차 옥주는 자신이 잘하고 있다는 믿음과 다시 해보겠다는 용기를 가지게 되었다.

성적은 조금씩 오르기 시작했다. 처음에는 고등학교 진학이 어려운 성적이었다. 마침내 중간고사에서 약간 점수가 올라갔다. 그게 옥주에게는 엄청난 자원으로 작용하게 된다.

"선생님, 저 수학 잘 봤어요. 국어도요."

하지만 옥주는 자신이 예상했던 점수보다 훨씬 낮은 점수를 받았다. 그래도 실망하지 않았다.

"제가 계산을 잘못했나 봐요. 그래도 예전보다 올랐어요."

다행이다. 많은 학생들을 만나 상담하다가 종결할 때 보면, 성장하는 폭의 크기는 긍정적으로 얼마나 자신과 환경을 받아들이며 실패에도 실망하지 않고 노력하느냐에 따라 달라진다. 할머니도 결과보다 옥주가 노력하는 과정과 작은 변화에 감동한다. 그러한 지지와 격려로 옥주는 계속 성장하고 있다.

옥주는 중간고사 시험을 준비하고자 많은 시간을 시험공부에 할애했다. 예전에는 학원을 열심히 다녀도 과제는 다하지 못해 학원에서 진행하는 중간고사 대비반의 속도를 따라갈 수 없었다. 하지만 이번 중간고사에서는 스스로 노력하겠다고 마음먹고 늦은 밤까지 열심히 했다고 한다. 지난 시험과 달라진 것은 마음가짐이었다. 억지로 해야 한다고 생각하기보다 자신이 스스로 공부하겠다고 결정하고 노력한 결과가 더 좋았다.

이제 옥주는 학원에 그만 다니고 싶다는 표현을 확실하게 했다. 학원에서 배우는 것보다 스스로 열심히 하는 것이 더 중요하다는 것을 느낀 것 같았다. 다른 방법을 찾고자 학교 선생님에게 전화하여 의논했다. 마침 그분도 옥주에게 학원은 소용없다고 판단했던 모양이었다. 방과 후 수업 중 학습이 부족한 아이들만 모아서 하는 반이 있다고 했다. 옥주는 이제 그 반에서 다시 시작하기로 했다.

그 반에서도 학습은 힘들었고. 하지만 옥주는 노력했고, 모르는 것은 학교 선생님에게 물어보는 등 적극적으로 행동하고 있다. 이러한 옥주의 모습에 학교 선생님들도 적극적으로 관심을 기울이고, 옥주가 질문한 문제의 답을 옥주 수준에 맞게 설명해준다. 비록 아직 많이 부족하지만, 계속 노력한 덕인지 기말고사는 중간고사보다 조금 더 나은 점수를 맞았다. 옥주는 자신도 믿기지 않는다고 했다. 어떻게 공부했는지 물어보니 새벽 2시까지 했고, 반복도 했다고 했다. 목이 메는 순간이었다.

옥주는 이제 병원에 가지 않는다. 약을 먹지 않아도 불안한 마음을 어느 정도 다스릴 수 있게 되었기 때문이다. 할머니가 "잘했다.",

"괜찮다.", "하면 된다."라며 긍정적인 말을 계속해준 것이 옥주를 일어설 수 있게 한 듯했다. 그리고 학교 선생님을 믿고 따르도록 태도가 변화한 것이 효과로 이어진 것 같다. 대단한 아이다.

아이들의 성장 속도는 제각기 다르다

성적이 아주 낮은 친구들은 꿈이 없을 때가 많다. 하지만 옥주는 체육 교사가 되고 싶은 꿈이 있다. 단순한 체육 교사가 아닌 마음이 따듯한 초등학교 체육 교사가 되는 것이 꿈이다. 그래서 어린 학생들이 재미있게 학교에 다닐 수 있게 해주고 싶다고 한다. 이런 꿈을 꾸게 된 이유는 자신이 달리기를 잘하기 때문이고, 체육 선생님이 좋기 때문이라고 했다. 옥주는 꿈을 이루고자 체육을 열심히 하고 있으며, 체력도 좋다고 자랑한다. 지난번 체육대회에서는 반 대표 달리기 선수로 출전하기도 했다. 하지만 옥주는 대학에 가야 체육 교사가 될 수 있다는 것을 잘 알고, 자신이 대학에 갈 성적이 안 된다는 것도 알고 있다.

"저 대학교에 갈 수 있을까요?"

솔직하게 이야기해줄 수밖에 없다.

"지금 성적으로는 갈 수 없을 거 같은데."

"알고 있어요. 그래도 저는 꼭 갈 거예요. 체육학과는 몇 개나 있어요?"

불안해하며 답을 해주었는데, 옥주의 반응은 긍정적이다. 안도의 한숨을 내쉬었다. 그러곤 함께 어느 대학에 체육학과가 있는지 찾아보았다. 많은 대학이 검색되었다.

"체육 교사가 되려고 꼭 서울에 있는 대학에 가야 하는 건 아니야. 체육학과에 가는 것이 중요한 거야."

"그렇죠. 그건 알아요. 그런데 이렇게 대학이 많아요? 저 대학에 갈 수 있겠죠?"

아이들은 "저도 변할 수 있을까요?", "저 할 수 있을까요?", "저 좋은 아이가 될 수 있을까요?" 같은 질문을 가끔 한다. 자신이 성공한 경험이 거의 없어 자신에 대한 믿음이 없기 때문이다. 옥주도 누군가의 긍정적인 지시가 필요했다는 것을 알고 있다. 그럴 때는 강한 긍정의 메시지를 전달해주면 좋다.

"그럼, 될 수 있지. 박 선생님."

"박 선생님이요? 쑥스러운데요."

"그런데 '박 선생님'이 되려면 조건이 하나 있어. 자신에게 실망하지 않고 끝까지 해내야 하는 것! 그래야 네가 원하는 것을 얻을 수 있단다."

"물론이죠. 저 할 수 있어요. 요즘 잘하고 있잖아요."

옥주가 제법 의젓해 보인다.

계절이 여러 번 바뀌었지만 옥주의 상담은 계속 진행되는 것 같았다. 중학교 3학년이 되어서도, 고등학생이 되어서도 중간·기말

시험 때마다 연락해온다. 시험 기간이 되면 불안한 마음에 어떻게 공부해야 하는지를 물어오는 것이다. 자신에 대한 믿음을 확인하고 싶어 한다는 것을 알기에 무슨 일이 있어도 대답은 잊지 않는다.

시험 기간이 끝나고 성적표가 나올 때도 문자가 온다. 이때는 내 가슴이 더 두근거린다. 기대보다 시험을 못 봤는데 어떻게 하면 좋을지 묻는 문자일까 봐 살짝 걱정된다. 너무도 다행스럽게 지금까지 한 번도 그런 문자는 오지 않았다. 매번 성적이 향상되었다며 감사하다는 말을 함께 전해 온다. 옥주의 성적 향상은 조금씩 천천히 진행되고 있다.

어떤 때는 친구와 다투었는데 어떻게 해야 할지 모르겠고, 자신이 억울하다는 등의 말을 전해 오기도 한다. 하지만 며칠이 지나면 스스로 해결했다고 연락을 보내오곤 한다. 예전의 옥주는 거짓말을 하면서 자신이 불리한 상황을 피하거나 뒷담화를 하는 것으로 교우 관계를 맺었었다. 상담이 끝날 때까지 많은 변화는 관찰되지 못했었다. 하지만 다행스럽게도 이제는 그 상황에서 도망치려고 하기보다는 부딪혀서 스스로 해결하고 있다. 지금도 밤늦게까지 공부하고 있으며, 외운 것이 기억이 나지 않을 때는 여러 번 반복해서 공부한다고 한다.

아이들은 변화하는 과정의 모습도 다양하지만, 변화하는 속도도 제각기 다르다. 옥주는 상담 중에는 많은 변화가 없었지만, 그 이후에도 점차 조금씩 긍정적인 방향으로 변화해왔다. 변화하는 속도는 느리지만, 천천히 포기하지 않고 자신이 원하는 길로 가는 중이다.

옥주는 중학교를 졸업할 무렵에는 성적이 많이 올라서 고등학교에 안정적으로 진학할 수 있었다. 옥주의 지치지 않는 노력이 좋은 결과를 만들어낸 것이다.

옥주처럼 좀 느리게 배우고 깨우치는 아이들이 있다. 이런 경우 부모나 아이 자신도 꾸준히 기다리는 것과 포기하지 않고 지속해서 학습하는 것이 중요하다.

다른 아이보다 자신의 아이가 늦다는 것을 알았을 때 묵묵히 기다려주는 것은 쉬운 일은 아니다. 그러니 다음 장에서 만날 성희 어머니는 아이를 위해 기다리기를 힘들어하지 않았고, 포기는 생각도 하지 않았다. 성희를 위해 그 자리에서 어머니의 역할을 열심히 했다. 나는 성희 어머니의 정성에 감동했다.

부모가
꼭 알아야
할 것

아이의 시험불안을 낮추려면

　시험은 학업하고 있는 학생에게는 피할 수 없는 상황이다. 평가를 받은 사람이 시험 결과를 중요하게 생각하면 할수록 더 높은 불안을 느낀다. 시험에서 좋은 성적을 받아야 한다는 생각이 강할수록 걱정과 부담은 커지게 마련이다. 이러한 걱정과 부담은 집중을 방해하는 요소로 작용하게 되고, 공부에 더 부정적인 결과를 가져오게 된다.
　시험불안은 불안의 특수한 형태로 평가 상황에서 경험하는 두려움이다. 시험 상황에서 실패나 부정적일 결과가 예상될 때 나타나는 반응이다. 시험불안이 높은 학생은 공부했는데도 시험에 잘 집중하지 못해서 비교적 쉬운 지시문을 이해하지 못하거나 자신이 공부한 내용을 기억해내는 데 어려움을 느낀다. 또 시험 문제를 풀 때 단서로 작용할 수 있는 것을 잘 알아차릴 수 없다. 높은 시험불안은 스트레스, 낮은 자존감 그리고 부적절한 자기 평가, 자신감 상실이나 학습 의욕 저하와 같은 부적응을 유발한다(변주영·강민주, 「중·고등학생 시험불안에 대한 부모의 성취압력, 인정욕구, 학업적 자기효능감의 영향: 남녀 간 경로 비교」, <청소년학연구>, 23(12), 277-302, 2016). 과민 반응이나 가슴 두근거림, 구토와 같은 신체적 증상이 나타나게도 한다. 이러한 부정적인 영향은 악순환을 가져온다.

시험불안을 낮추는 방법의 하나인 명상은 심리적 안정을 도울 수 있다. 쉽게 시도해볼 방법으로는 심호흡하는 것이 있는데, 코로 숨을 깊게 들이마시고 입으로 천천히 내보내면 된다. 또 한 가지 방법으로 자신의 신체를 느끼는 것이 있다. 바르게 누워 자신의 머리부터 시작하여 이마, 눈, 코, 목, 오른쪽 팔, 왼쪽 팔, 몸, 등, 오른쪽 다리, 왼쪽 다리의 감각을 느끼면서 천천히 심호흡한다. "머리 위를 느껴봅니다. 그 아래 이마를 느껴봅니다." 처럼 순서를 녹음하여 들으면서 진행하면 더 잘 집중할 수 있다. 이때 잔잔한 음악이 있으면 좋다.

❖ 시험불안 체크리스트

다음 문항을 보고 해당하는 점수를 표시해보세요.
(전혀 그렇지 않다 0점, 약간 그렇다 1점, 그렇다 2점, 매우 그렇다 3점)

1. 시험을 보는 동안 긴장돼서 마음이 안정되지 않는다.
2. 시험 기간이 끝날 때까지 마음이 불안하다.
3. 시험을 치는 동안 성적이 걱정돼서 문제가 잘 안 풀린다.
4. 시험지를 받으면 나도 모르게 몸과 마음이 경직된다.
5. 혹시 틀리지 않을까 하는 생각에 자신 있게 답을 못 쓴다.
6. 시험지를 받을 때 마음이 몹시 조마조마하다.
7. 시험 준비를 아무리 열심히 해도 시험 때가 되면 걱정된다.
8. 시험 성적을 알기 직전에 두려움을 느낀다.
9. 시험을 치고 나면 잘 못 쳤다는 걱정과 후회가 된다.
10. 시험을 칠 때 자꾸 실패할 것 같은 생각이 든다.
11. 시험이 임박하면 무엇부터 공부해야 할지 몰라 마음이 초조해진다.
12. 시험을 치면서도 성적이 나쁘면 어쩌나 하는 걱정이 든다.

13. 시험이 끝난 후 점수 걱정을 안 하려고 해도 잘되지 않는다.
14. 시험을 보는 동안 너무 긴장해서 아는 것도 못 쓸 때가 있다.

- **자신만만형 (20점 이하)**
  시험불안 수준이 상당히 낮습니다. 하지만 이 범위에 든다고 해서 바람직하다고만 볼 수는 없습니다. 정말 시험에 대비하여 열심히 공부해서 자신을 스스로 믿기 때문에 불안감이 적은 것인지, 아니면 시험에 관심이 전혀 없어서 기대도 없기 때문에 불안감이 적은 것인지 생각해 볼 필요가 있습니다. 만약 전자의 경우라면 시험에 대한 걱정이나 불안이 적으므로 좋은 결과를 얻을 수 있을 것입니다. 하지만 적당한 긴장은 시험을 치르는 데 좋은 효과가 있다는 것을 명심하세요.

- **보통형(21-34점)**
  평균 수준의 시험불안을 가지고 있습니다. 그렇게 심하지는 않지만 평소 어느 정도 시험불안을 경험하고 있다고 볼 수 있습니다. 적당한 시험불안은 정상적이고 건강한 상태이기 때문에 문제가 되지 않습니다. 하지만 상황이나 환경에 따라 불안 수준이 높아질 수도 있습니다. 점수가 높을수록 불안의 정도가 심한 것이므로 같은 '보통형'이라고 하더라도 개인별 차이가 다소 있다는 것을 알아야 합니다.

- **전전긍긍형(35점이상)**
  평균 수준의 시험불안보다 높다고 할 수 있습니다. 다른 학생에 비해서 시험에 대한 불안이 높은 것이지요. 이런 경우 공부한 만큼 성적이 나오지 않을까 봐 불안한 마음에 어처구니없는 실수를 하거나 노력한 만큼의 성적이 나오지 않기도 합니다. 그러다 보니 시험만 생각하면 우울해지는 겁니다.

출처: 양명희, 『시험준비와 시험전략(자기조절학습 워크북 제5권)』, 한국가이던스, 2013

아이는 부모의 믿음으로
성장한다

부모가 자신의 아이를 믿는 것은 중요한 일이다. 그 믿음이 있기에 아이들도 자신을 믿고 성장할 수 있다. 하지만 이 믿음이 무조건적이라면 좀 다르다. 발달이 다른 아이보다 느리다고 생각이 들 때도 무작정 믿고 기다리는 것은 아이에게 도움이 되지 않는다. 정말 발달 속도가 느리다면 크게 문제가 되지 않는다. 그럴 때는 조급해하지 않고 기다리는 것이 아이에게 도움이 된다. 하지만 속도의 문제가 아니라 기능의 문제가 발생한 것이라면 아이에게 도움을 주기 위해 빨리 조치해야 한다. 아이에게 적절하게 조치하는 것은 좀 더 올바른 방향으로 발달하도록 돕는다.

 인지 관련 문제가 있어도 초등학교 저학년까지는 또래 사이에서 엇비슷하게 행동하고 잘 적응할 수 있다. 그래서 전문가라도 심층적인 검사를 통하지 않고 관찰만으로는 파악하기 어렵다. 그러나 고학년이 되고, 학교 급이 달라지고, 나이가 들어갈수록 차이가 확연하게 나타나기 시작해서 조금만 객관적으로 살펴보면 좀 다르다는 것을 느낄 수 있다. 또한, 당사자인 아이도 자신이 점점 다른 아이들과 비교하여 쉽게 이해할 수 없고 따라가기가 버거워지는 것을 느낀다. 그러면서 점차 학습에 흥미가 떨어지게 되면서 다른 쪽으로 엇나가게 된다.

자신이 똑똑하지 않다고 생각하는 아이들은 스스로 그것을 감추려고 자신보다 약한 아이들을 공격하기도 한다. 또는, 자신보다 잘하는 아이들과 함께 어울리고자 애를 쓴다. 그런 아이들과 함께 하면 자신도 잘하는 아이로 보이리라고 생각하고, 그 사실을 알리고 싶어 하는 것이다.

성희가 그랬다. 중학교에 올라오면서 너무 힘들어했다. 그러나 성희의 가족은 성희의 그러한 마음과 문제를 이해하지도 못하고 알 수도 없었다. 부모는 성희가 단지 느린 것이라고만 생각했다. 그래서 성희에게 맞지 않는 교육을 계속 지원하고 있었다.

오늘, 맑은 하늘에 날벼락이 떨어졌다

"경계선 지능입니다."
"그게 무슨 뜻인가요?"

"정상 아이들처럼 배우기가 어렵습니다."

"그럼, 어떻게 해야 하는 건가요?"

성희 어머니의 목소리는 떨리고 다급했다. 방법이 있으리라고 믿고 의사 선생님에게 다시 물어본다.

"병원 치료는 별 의미가 없어요. 인제 그만 오셔도 됩니다."

"인지 프로그램이나 놀이·미술 치료 같은 것을 하는 것은 어떤가요?"

"공부는 포기하시고 차라리 사회에 적응할 수 있는 프로그램에 참여하는 것이 더 좋습니다. 그리고 본인이 스스로 행복하게 학교생활을 하고 있고 친구들과도 잘 지낸다고 하니 그것으로 만족하세요. 하고 싶은 것을 하게 해주더라도 그것으로 무엇이 되리라는 기대로 아이를 버겁게 하는 일은 안 하시는 게 좋습니다."

종합심리검사 결과를 보러온 성희 어머니에게 전문의가 모질게 말한다. 토닥토닥 위로해주며 좋은 방향으로 길을 안내하고 긍정적인 표현으로 돌려 말해도 충격적인 소식을 너무 직설적으로 통보한다. 그런 상황에서 어머니는 희망을 찾고자 질문한다.

성희가 현재 자기 스스로 스트레스를 받지 않는다고 하니 그 자체로 의미를 부여해야 한다는 것이다. 수영한다고 수영선수를 시키겠다거나 헬스트레이너를 하게 하겠다거나 태권도 사범을 하게 하겠다며 아무리 애쓴다고 해도 그렇게 되기는 어렵다고 한다. 또 그런 기대를 하는 것이 아이를 힘들게 할 수 있으니, 그 기대조차도 하지 말라는 것이다. 어머니는 그 말을 인정하고 싶지는 않았지만, 냉정히 말하면 부정할 수 없는 진실일 것이다.

"결과를 믿을 수 없어요."

정신건강의학과 밖에서 어머니는 흐느껴 울고 말았다. 어머니는 이 사실을 받아들이고 싶지 않아서 다시 검사를 받게 하고 싶었다. 마음이 아프다.

성희의 전체 지능은 경계선 수준으로 상황에 대처할 수 있는 지적 능력과 대처 자원이 매우 빈곤하다고도 말했다. 그리고 검사 과정에서 좋다, 싫다는 식의 단순한 감정만을 표현했다고 한다.

경계선 지능은 지적 장애는 아니지만 정상인보다 판단력이 다소 떨어진다. 이 범위에 있는 아이들은 얼핏 보기에는 특별히 다른 점을 알아차리기 어려울 수도 있다. 학업이나 기타 배우는 것을 할 수 없는 것은 아니지만 일반적인 아이들보다 느리게 이루어진다.

어찌할 바를 모르는 성희 어머니를 위로해 보지만, 이런 위로가 도움이 되지 않는다는 것을 알고 있었다. 하지만 그녀가 아이의 어머니라는 것을 나는 잊고 있었다. 어머니는 자신이 어떻게 하면 될지를 알려달라고 말했다.

어머니는 성격이 강한 성희 할머니와 성희 아버지 사이에서 자기 의견을 내놓는 일은 거의 없이 살아왔다. 아이들을 키울 때도 자기 소리는 거의 내지 못하고, 할머니와 아버지의 주장대로 키웠다. 그러나 어머니는 그날 이후 더는 머뭇거리기만 하고 가족에 자기 의견은 내놓지 못하던 사람이 아니었다. 성희를 위해 무엇이든 할 수 있는 어머니가 되었다.

성희는 처음 만났을 때부터 마치 전에 만났던 사람처럼 반갑게 다가왔다. 중학생이지만 나이에 맞지 않게 분홍 캐릭터 고무줄로 머리카락을 위로 바짝 끌어올려 묶고, 어린아이들이 좋아할 만한 분홍색 반바지에 캐릭터가 그려진 티셔츠로 자기 딴에는 아주 예쁘게 한껏 멋을 내고 왔다.

성희가 다른 친구들과 함께한 자리에서 자신을 소개하고 있다.

"저는 비행기 승무원이 꿈이에요. 그래서 지금 영어를 열심히 배우고 있어요. 그리고 또 저는 동생도 잘 데리고 놀고, 힘든 친구들도 잘 도와줘요. 또 저는 체육도 잘해요. 감사합니다."

"와, 멋지다."

나의 칭찬에 성희는 어깨를 으쓱거리며 웃는다.

성희가 자신을 소개하는 말을 들으니, 어머니가 말한 것이 생각났다. 어머니는 아이가 의욕은 넘치지만 실천을 제대로 하지 못하고, 주어진 과제를 마치는 데 시간이 엄청 걸리거나 시간 대비 비효율적이라고 했다. 그러다 보니 짜증을 많이 내고, 가족 간에 충돌도 생긴다고 했다.

학교 선생님은 성희가 친구들을 편을 가르려고 한다고 했다. 친구에게 따돌림을 당할까 봐 불안해하면서 약자에게는 공격적인 모습을 나타내고 강한 친구에게는 비위를 맞추는 등의 이중적인 행동

성향을 보인다고 했다. 성희는 아마도 자신을 보호하려는 마음에서 이런저런 행동을 하는 것 같다. 불안은 과도한 자극이 주어지거나 위급한 상황에서 자신을 보호하려는 방어기제다. 불안이 작동하게 되면 다른 감각의 기능은 현격히 줄어들고, 그 상황에만 집중한다. 성희는 도대체 무엇이 불안한 걸까?

난 친구가 필요해요

학습을 중요하게 여기는 성희 아버지는 어떠한 상황에서도 공부는 절대로 놓을 수 없다고 주장했다. 성희 할머니는 성희가 깨우침이 늦어도 어느 날 깨우칠 수도 있으니, 꾸준히 학원에도 보내고 집에서도 공부를 시키라고 강경하게 말했다. 성희 어머니는 아버지와 할머니, 두 사람과 의견이 달랐지만, 받아들여지지 않았다. 서로 충돌도 잦았지만, 결국에는 아버지와 할머니의 뜻대로 진행되었다.

하지만 이 가족은 나름대로 아이들에게 관심을 많이 기울이고, 노력도 많이 하고 있었다. 실제로 아버지는 무척 바쁘지만 항상 가족과 외식, 여행, 캠핑 등 여러 방면으로 함께하려고 노력했다. 오빠와 동생은 가족의 이러한 노력과 관심으로 별다른 문제 없이 잘 지낸다.

이러한 가정에서 성희는 이해할 수 없는 별종이었다. 스스로 해보려는 것이 없었다. 어느 한 가지도 제대로 끝까지 하는 법이 없고, 하는 방법도 잘 알지 못했다. 공부나 다른 것을 하려고 할 때도 가만히 앉아 있지 못하고 돌아다녔다. 또 자기 물건을 늘 잃어버리고, 동생과 자주 싸우고, 오빠가 별 뜻 없이 하는 말에도 자신을 놀리는 것으로 받아들여 소리를 지르며 싸웠다. 어머니가 꾸중이라도 하면 자신은 잘못하지 않았다며, 왜 자신에게만 이러느냐고 하며 소리치고 대드는 일이 자주 있었다.

그렇지만 부모는 성희에게 도움이 되려고 학교 활동에도 적극적으로 참여해서 학부모 임원까지 맡고 있었다. 부모 나름대로는 성희를 위해 자신들이 할 수 있는 최선을 다했다. 그래서 종합심리검사의 결과를 받아들이는 것이 더 힘들었을 수도 있다.

성희에 대해 여러 이야기를 듣고 만나는 동안, 성희가 공부를 안 하는 것이 아니라 못 하는 것은 아닐까하는 생각이 든다. 성희는 부모에게 칭찬이 받고 싶어서 무슨 일이든지 의욕적으로 시작할 것이다. 하지만 하다 보면 잘 못 할 것 같은 생각이 들면서 자신감이 없어져서 중도에 그만두게 되었을 것이다.

다른 사람에게 결과를 통해 인정받고 싶은 마음이 크면 클수록 성공적인 결과를 만들어내려고 노력한다. 하지만 좋은 결과를 만들어내지 못하리라고 예상되면 중간에 핑계를 대고 그만두는 일이 잦다. 그리고 처음부터 아주 쉬운 일을 선택하여 성공리에 마치고 주위 사람에게 인정을 받으려 한다. 또 실패하더라도 다른 사람들이 그 실패를 당연하게 받아들이면 자신이 실패했다고 생각하지 않기도 한다. 즉, 아주 어려운 과제를 선택하여 실패라는 결과가 나오더라도 자신의 능력이나 노력이 모자라서 실패한 것이 아니라 누구나 실패할 수밖에 없는 과제여서 그런 결과가 나왔다고 주장하려는 것이다.

그래서 이런 마음이 있는 아이에게는 쉬운 단계의 과제를 주고 성공을 경험하도록 한 후 적절한 칭찬과 격려를 해주는 것이 좋다. 난 성희에게도 이 방법을 선택하여 시도했다.

성희는 오늘도 어김없이 명랑한 목소리로 인사하며 들어온다.

"선생님, 안녕하셨어요? 오늘은 뭐 할 거예요?"

"음……, 오늘은 성희가 무엇을 소중하게 생각하는지 이야기해 볼 거야."

"소중한 거요?"

"그래, 성희는 무엇이 가장 소중해?"

"……."

성희는 아무 말이 없다. 하지만 기다리기로 한다. 재차 질문하면 성희에게 자신이 못한다는 것을 다시 확인해주는 결과가 되기 때문이다. 그래서 다른 표현 방식으로 귀띔해주었다.

"선생님은 가족이랑 핸드폰."

"가족도 중요하지만 아닌데요."

"그러면 최근에 산 핸드폰은?"

"하하하, 그것도 중요하지만 저는…… 친구요."

요즘 아이들 대부분이 그러하듯 성희도 친구가 제일 필요한 듯했다. 일반적으로 청소년기에는 친구를 가족보다 더 중요하게 생각하는 것이 이상한 일은 아니다. 자신이 속한 집단에서 책임과 의무를 배우고 자신을 탐색하는 것이 함께 이루어질 때, 자아 정체감이 적절하게 형성된다. 하지만 성희에게 소속감은 자아 정체감을 위한 것이 아닌 인정과 애정의 욕구를 충족하고자 필요한 것 같았다. 혼자 있는 것이 불안하고 친구들에게 따돌림당하고 싶지 않아서 자기편을 만들려고 애를 쓴 것이다.

성희는 동생이 태어나면서 사이에 낀 둘째가 되었다. 유명한 심리학자 알프레트 아들러Alfred Adler는 태어나는 순위에 따라 다른 성격을 지닌다고 했다. 그중 둘째 아이는 자신이 돋보이고자 노력하며, 창의성과 유연한 성격을 갖게 된다고 했다. 그래서 이런 성격을 잘 끌어주면 탁월한 인재가 될 수 있다.

하지만 성희는 인정받는 똑똑한 오빠, 귀여움을 독차지하는 동생, 그 사이에서 무엇을 해도 자신의 존재감이 드러나지 않았다. 오히려 자신 때문에 부모가 싸우는 것을 목격하기도 했었다. 그래서 친구들에게 더 매달리는 듯해 보였다.

성희와 이야기를 더 나누어 보니 '똑똑해지는 것', '가족', '휴대전화', '남을 돕는 것', '인정받는 것', '건강' 등을 소중한 것으로 꼽았다. 이 단어들은 성희의 현재 모습과 소망을 바로 보여주는 것처럼 느껴졌다.

오늘부터 공부하자

성희는 똑똑해지고 싶어 했다. 지금 상황은 좋다, 싫다는 식의 단순한 표현과 주어, 서술어로만 이뤄진 문장을 쓰거나 말한다. 사고력이 필요한 생각과 대화, 감정 표현의 확장이 필요했다. 이 부분을 향상하고자 말하기, 글쓰기를 하자고 제안하면, 성희는 고개를 끄덕이며 "네, 좋아요."라고 할 것이다. 이렇게 하면 자신이 똑똑해질 수 있다고 생각하면서 기꺼이 하려고 하겠지만, 아마도 마음뿐이리라는 것을 나는 짐작할 수 있다. 하다 보면 힘이 들고, 지루해질 것이다. 그러면 중간에 다른 이유를 대서 그만두려고 할 것이다.

평범한 아이들도 자신이 더 발전하기 위해 필요한 일이라고 하면 기꺼이 하려고 한다. 그러나 평범한 아이들이 중간에 하기 싫어서 그만두는 것과 성희가 그만두는 것은 차이가 있다. 성희는 잘 안 되는 것이 싫어서 그만두려 하는 것이다. 성희는 배우는 것이 더디고 이해가 잘 안 되므로 수준에 맞는 단계를 선별하여 천천히 진행해야 한다. 아이가 받아들일 수 있는 수준으로 말이다. 성희도 이제 그렇게 천천히 조금씩 꾸준히 하려고 한다.

"오늘부터 공부하는 방법을 알아보려고 하는데, 어때?"

"네, 좋아요."

성희가 큰 목소리로 대답한다.

"이거 한번 읽어볼까?"

"이거 재미없을 거 같아요. 다른 거 해도 돼요?"

예상대로 겁이 나는 것같이 보였다.

"이거 오늘 다 할 거 아니야. 오늘은 여기까지만 하자. 어때? 괜찮아?"

"그러면 괜찮을 거 같아요."

글을 읽는 것을 곧잘 해낸다. 짧은 문단을 읽고 마인드맵으로 정리하는 작업을 하려고 하자 또다시 오늘은 그만했으면 좋겠다고 한다. 두 번의 거절은 심리적으로 힘들 거 같아 오늘은 활동을 정리하기로 했다. 정리를 함께 하면서 오늘 공부한 내용을 다시 기억할 수 있도록 했다. 그러면서 잘했다는 칭찬을 잊지 않았다.

이틀 후 만난 성희는 왠시 긴장하는 모습이다. 성희에게 공부는 좋은 기억은 아닐 것이다. 항상 못한다고 부정적인 피드백을 받았을 것이고, 자신은 어려운데 자꾸만 더 하라고, 빨리하라고 재촉을 받았을 것이다. 그래서 오늘도 공부에 대한 부담감이 커져 있었다.

"오늘도 공부해요?"

"공부하는 거 힘들어?"

"아뇨, 그냥이요."

"저번에 읽었던 거 기억나?"

"조금이요."

"그때 잘 읽었잖아. 기억나?"

"기억나요. 주세요."

성희에게 잘 읽었다고 칭찬한 후 다시 읽기를 권유하니 거부감이 줄어든 모양이었다. 읽기를 마친 후 "무슨 이야기인 거 같아?"라고 질문하자, 짧은 문장이지만 대답해주었다. 정답이었다.

"이게 시험 문제였다면 100점이었을 거야."

"하하, 진짜요?"

"이제, 성희가 이해한 것을 정리해보자."

지난번에 하기 싫다고 했던 마인드맵으로 정리하게 하니, 오늘은 하려고 한다. 하지만 지시대로 잘하다가 곧 멈춘다. 읽은 내용이 기억나지 않는 것이다. 이때 살짝 귀띔해주는 것으로 성희를 돕는다. 그러면 계속 내용을 생각해낸다. 활동하는 것은 무엇이든 재미있어한다. 멈춰 있을 때는 흥미가 떨어지지 않고 지속하도록 조금만 도와주면 잘한다. 마인드맵을 선택한 이유는 어휘력이 많이 떨어져 문장으로 정리하는 것이 아직 어려워서이다. 단어만으로도 정리할 수 있으므로 선택했다. 즐겁게 하는 모습을 보면서 잘한 선택이라는 생각이 들었다.

이제 엄마가 선생님이에요

시험 기간이 얼마 남지 않은 어느 날, 성희와 스트레스에 관해 이야기를 나누었다. 성희는 '왕 스트레스'란 단어를 사용하며 아버지를 언급한다.

"아빠가 시험을 못 보면 핸드폰을 안 준대요. 왕 스트레스예요. 근데 노력하는 모습을 보이면 못 보는 것은 괜찮다고 했어요."

"다행이네. 우리 노력해볼까?"

고개를 끄덕이지만 표정은 하고 싶지 않다는 듯 찡그려진다. 그 표정에 웃음이 났다.

암기 과목을 공부하는 방법을 소개해주었다. 한 번에 다 할 수 있는 과정이지만, 성희는 산만하고 오래 앉아서 학습하기 어렵다는 것을 알기에 나누어서 할 수 있도록 했다.

집중하는 시간이 짧은 아이에게 진득하게 앉아 있지 못한다고 야단을 치는 것은 아무런 소용이 없다. 처음에 짧은 시간이라도 집중을 잘하는 것이 더 중요하다. 그러면서 차츰 시간을 늘려야 한다.

"하루는 소리 내서 읽고, 다음날은 줄을 그으면서 읽고, 그다음 날은 볼펜 등으로 그으면서 읽으면, 도움이 많이 된단다."

"어? 그거 엄마와 같이하는 중인데 어떻게 알았어요?"

"진짜? 대단한데. 좋은 방법을 벌써 하고 있었구나."

성희의 표정에서 즐거움을 느낄 수 있었다.

'서태지와 아이들'이 부른 〈컴백 홈〉이 생각난다. 당시 가출했던 청소년이 이 노래를 듣고 집으로 돌아왔다는 이야기를 들은 적이 있다. 부모가 애타게 집으로 돌아오라고 하는 말은 들은 척도 하지 않던 아이들이 만난 적도 없는 '서태지와 아이들'의 노래에 움직인 것이다.

아이는 자신과 관계가 좋은 사람이 이야기하면 받아들이지만 좋은 이야기도 관계가 좋지 못한 사람이 하면 받아들이기 전에 귀를 닫는다. 그래서 아이와 좋은 관계를 맺는 것은 중요하다. 아이와 좋은 관계라면 아이가 잘못했을 때 대화로 풀어나갈 수 있다. 하지만 좋지 않은 관계라면 말 한마디라도 들으려고 하지 않는다. 그래서 상담에서도 아이와 좋은 관계를 맺고자 상담 초반에 많은 신경을 쓴다.

나는 어머니에게 제일 먼저 성희와 즐거운 시간을 보내라고 했다. 이때 성희에게 조언이나 충고, 권유는 당분간 하지 않도록 주의하고, 단지 즐겁게 지내고 좋은 관계를 잘 맺도록 했다. 할머니, 아버지에게도 계속 성희의 상황을 설명하고, 도움을 받을 수 있도록 했다. 두 분 모두 성희를 위하는 마음은 깊다는 것을 알고 있었다. 함께하는 시간이 즐겁게 되었을 때, 성희에게 맞추어 학습 지도를 할 수 있게 방법을 알려줬다. 아마 어머니가 그 방법을 성희에게 실천하고 있는 듯했다.

"엄마랑 공부하는 게 재밌어요. 엄마가 꼭 선생님 같아요."

"뭐가 제일 좋아?"

"내가 틀려도 웃으면서 다시 가르쳐줘요. 예전에는 많이 혼났어요."

성희는 아마도 달라진 어머니, 아버지, 할머니의 모습을 보면서 처음에는 당황했을 것이다. 하지만 가족이 일관되게 성희를 대하자 성희도 진심을 느끼고 어머니가 이끄는 대로 가고 있는 것이다. 성희에게 어머니와 함께 공부하는 시간은 어머니를 온전히 독차지하고,

관심과 사랑을 받는다고 느낄 수 있는 시간이리라고 생각한다.

하지만 성희도 시험에서 벗어날 수는 없는 듯했다. 성희는 초등학교에 다닐 때 공부 좀 할 걸 그랬다는 말을 하기도 하고, 시험을 못 봐서 아버지한테 혼날까 봐 걱정하기도 했다. 성희나 가족이나 모두 한 번에 바뀔 수는 없다는 것을 우리는 잘 안다.

만약에 부모가 더 일찍 성희의 상황을 이해했더라면, 좀 더 일찍 받아들였더라면 성희는 지금 어떤 모습일까? 아직은 늦지 않았지만, 아쉬운 생각이 든다. 어느 부모든지 자녀를 도와주고 잘 이끌고 싶은 마음이 있다. 하지만 그 아이의 현재 능력이나 위치는 거의 고려의 대상이 되지 않는 때가 많다. 성희도 늦는다고, 잘 못 한다고 혼내기 전에 단지 발달이 조금 늦은 것인지, 아니면 다른 이유가 있는 것인지를 좀 더 어렸을 때 알아보고 대처했다면 마음의 상처는 덜했을 것이다. 경계선 지능, 즉 배우는 것이 좀 느린 아이들에게 가르쳐주거나 지시할 때는 구체적으로 해야 한다. 또 시간을 길지 않게, 재미있게 하는 것이 중요하다. 이제 그런 노력이 시작된 것이다.

우리는 지능에 관심이 많다. 그래서 지능지수의 1점 차이로도 자신이 더 우수하다고 생각하기도 한다. 하지만 그것은 그다지 의미가 없다. 지능은 90~109일 때 평균, 80~89은 평균하, 70~79는 경계선으로 구분한다(WISC-IV 기준).

이 분류 중 경계선 지능에 해당하는 아이들은 배움이 느리다. 하지만 무능하지도 일상생활을 못 하는 것도 아니다. 다만 스스로 배울 능력이 다소 부족하여 주위에서 하나하나 가르쳐주어야 한다. 가르쳐줄 때는 천천히 구체적으로 알려주어야 하고, 반복할 기회를 주어 기억할 수 있게 하는 것이 좋다. 특히 학습적인 부분에서는 암기 과목 위주로 시작하면 좋다.

또한 교우 관계를 맺고 그 안에서 어떻게 행동해야 하는지도 가르쳐서 또래 관계에서 무리 없도록 하는 것도 중요하다. 원활한 또래 관계는 후에 성인이 되어서도 중요하다. 관계 맺기를 잘하게 되면 일상생활을 잘할 수 있다.

하지만 가르치는 부모나 교사가 조급한 마음이 들어 아이들을 다그치게 되면, 경계선 지능의 아이들은 자존감이 더욱 떨어지고 더 좋지 않은 결과를 만들어낼 수 있다. 경계선 지능의 아이만이 아니라 일반적인 아이에게도 믿고 기다려주는 것은 중요하다. 아이의 현재 능력을 무시한 출발점과 속도는 아이를 힘들게 할 뿐 아니라 자신의 능력에 의심을 품게 하여 자신을 무능한 사람으로 인식하게 할 수도 있다. 부모는 지금 내 아이의 모습을 관찰하고, 학습을 어떻게 시작해야 하는지, 어떤 속도로 진행해야 하는지를 결정하고, 실패할 때 기다려줄 수 있는 여유와 믿음을 갖는 것이 중요하다.

아이가 좋아하는 것부터 시작하자

성희는 학습보다 다른 것에 치중해야 할 필요성이 있다. 어느 수준

이상으로 학습이 향상하기는 어려울 수도 있으므로 진로도 다른 학생들과는 다르게 접근해야 했다. 그래서 잘할 수 있는 것을 하도록 도와주어 진로가 될 수 있게 하는 것이 좋을 것이다.

성희는 학습하는 것에 시간도 오래 걸리고 산만하지만, 활동하는 것에는 그만큼 산만하지 않다는 것을 기억했다. 그리고 활동적인 것을 좋아해서 태권도를 배워 2단까지 땄다고 했다. 하지만 아버지가 학업에 방해가 된다고 그만두게 했다고 한다. 이제 태권도를 다시 시작하기로 했다.

이 활동은 아버지에게 도움을 받았다. 그동안 아버지는 많이 변화했다. 어머니의 지속적인 설명과 노력으로 성희의 현재 상황을 받아들이고 더 나은 방향이 무엇인지 함께 고민하기 시작했다. 먼저 성희와 함께 운동을 다니며 성희의 속도를 맞추려고 노력한다. 완고하던 할머니도 성희를 이해하고 긍정적으로 대한다. 모두 좋은 변화였다. 이러한 변화에는 어머니의 역할이 컸다.

학교에서도 도움을 받았다. 성희가 졸업할 때까지 수영동아리에서 적극적으로 활동할 수 있도록 지도해주기로 했다. 그래서 수영이 성희의 취미가 되고, 특기가 될 수 있게 이끌어주기로 했다.

참으로 뿌듯했다. 학교, 부모, 학생이 함께 노력하는 것이 이상적인 연결 구도라고 생각하기 때문이다. 이때가 내가 가장 보람을 느낄 수 있는 시간이기도 하다.

"아빠가 운동 가실 때 저만 데리고 가주신다고 했어요."

"공부 매일 해도 재미있어요."

"오빠랑 동생이랑도 잘 지내요."

요즘 성희가 자주 하는 말들이다. 물론 매일 이렇게 말하지는 않지만 전반적인 마음 상태가 좋아지고 있다. 부모가 성희를 그대로 인정하고 따뜻하게 안아주자 오빠와 동생과의 관계도 좋아졌다. 성희가 짜증이나 신경질을 덜 부리면서 지내는 것을 보면 마음에 여유가 생긴 것이다.

어머니에게는 성희의 변화 내용을 설명하고 이 변화가 어머니로에게서 비롯되었음을 상기시켜주었다. 이를 잊지 말아 달라고 당부하고는 성희 상담은 어머니에게 넘겨주었다.

상담은 주로 마음이 힘든 아이들을 대상으로 한다. 그래서인지 상담을 진행하면 오히려 내가 좌절하고 열등감을 느끼게 된다. '이번만 하고 그만두어야 하는 것은 아닐까?'라는 생각도 든다. 내 능력과 열정이 부족해서 아이들에게 도움을 많이 주지 못하는 것 같은 생각이 들 때가 많았기 때문이다.

하지만 중간에 포기하지 않고 종결까지 만나다 보면 아이들은 오히려 내게 보람과 기쁨을 느끼게 해준다. 그런 마음은 다음 학생을 만나는 것을 기대하게 하고, 내가 상담할 수 있다는 것에 감사하게 한다.

맺음말
아이의 성적표가 아닌
마음을 들여다보세요

● 글을 쓰면서 나에게 왔던 아이들이 다시 떠올랐습니다. 첫 만남에서는 특이한 아이인 줄 알았지만, 마지막 만남에는 특별한 아이임을 알게 되었습니다. 특별한 아이가 특이한 아이로 오해받은 것에는 많은 이유가 있었습니다. 부모 자신들이 힘들다는 이유로 아이를 제대로 보려 하지 않은 경우, 부모가 자신의 기준으로 자녀를 끌어 올리려고 하는 경우 등 그 이유는 가정마다 아이마다 다양했습니다.

부모의 기준에 맞춰 아이를 열심히 돌보는 것만으로는 아이들을 잘 볼 수 없습니다. 아이의 눈높이로 생각하고 바라볼 때 비로소 제대로 볼 수 있습니다.

상담사인 우리는 '내가 이 아이라면 어떤 마음일까?'라는 마음으로 아이들을 바라보려 노력합니다. 그러다 보면 어느 순간, '그럴 수

밖에 없었구나.'라고 이해되며 아이들의 마음에 한 걸음 다가섰음을 느낄 수 있습니다.

우리는 아이를 만날 때마다 많이 노력합니다. 그 노력은 아이를 교육하려는 노력이 아니라 아이의 마음을 이해하려는 노력입니다. 아이들의 행동이나 마음이 낯설기도 하고, 놀랍기도 합니다. 하지만 상담은 서로 마주보며 이야기를 나누는 것입니다. 진심 어린 이야기를 나누려면 서로 이해하고 받아들여야 합니다. 부모와 아이가 서로 탓하기만 해서는 대화할 수 없습니다.

상담사와 아이가 서로 마음의 문을 열게 될 때 기적 같은 변화가 일어나고, 한층 더 성장하는 아이들을 볼 수 있었습니다. 부모는 아이들이 가장 굳게 믿고 의지하는 존재입니다. 또한 부모도 이 세상 누구보다 자신의 아이를 사랑합니다. 이렇게 서로 중요한 관계임을 잘 알고 있지만 어떻게 다가서야 하고, 어떻게 말을 해야 할지를 모르기 때문에 서로에게 상처를 주는 말과 행동을 하게 된다는 것을 상담하면서 느꼈습니다.

그래서 아이의 마음을 이해하려고 노력하는 상담사의 마음을 이야기 속에 담았습니다. 이 글이 아이들을 바르게 마주하려고 노력하는 부모와 교사가 아이들을 이해하고 지도하는 데 조금이라도 도움이 되기를 바라는 마음입니다.

오연주

● 이 책의 출간을 결심하기까지 많은 고민의 시간이 있었습니다. 요즈음 출간되는 대부분 학습 관련 책들은 학습자로서 성공한 사례, 부모로서 자식 공부를 잘 지도하여 명문 학교로 진학시킨 사례 등 사회적 성공에 대한 사례가 대부분입니다.

기대에 못 미치는 학습 성취 때문에 자존감이 낮은 아이들에게는 누가 관심을 가지기는 할지 고민이 있었습니다. 그러나 자녀 양육과 관련하여 부모들이 간과할 수 있는 중요한 내용을 공유하고자 집필을 결심했습니다.

공유하고자 하는 첫 번째 내용은 아이들은 연령이나 성적에 상관없이 부모 또는 양육자의 올바른 양육에 의해 충분히 긍정적인 방향으로 변할 수 있다는 것입니다. 올바른 양육이라 함은 의식주를 해결해 주는 것 외에 자녀의 학습 및 성격 유형에 맞는 대화 및 지도도 포함이 됩니다.

사람마다 성격과 발달 정도는 다 다릅니다. 이 다름을 부모가 이해하고 자녀에게 필요한 대화와 지도를 해주어야 합니다. 부모와 상담을 하면, 대부분의 부모들은 아이에게 해줄 것은 다 해주었다고 합니다. 부모의 입장에서는 다 해주었다고 생각할 수 있지만, 자녀의 입장에서는 다를 수 있습니다. 부모가 자녀에게 맞지 않는 것을 과도하게 지원한 후 원하는 결과를 기대하고, 그 결과가 기대에 맞지 않으면 혼을 낸다고 생각할 수 있습니다. 자녀의 발달 단계와 현 상태를 잘 관찰하여 자녀에게 실질적으로 도움이 되는 출발점을 정해야 합니다.

두 번째 공유하고자 하는 내용은 아이들의 학습 문제가 정서적인 문제와 연결되어 있다는 것입니다. 학습과 연결된 정서적인 문제가 해결되지 않고 지속적으로 누적되면, 사회적 문제까지 발생할 수 있습니다.

문제 행동을 하는 청소년과 상담을 하다 보면 자신도 공부를 잘하고 싶다고 이야기합니다. 그러나 어떻게 공부를 해야 하는지에 대한 구체적인 방법을 알려주는 사람은 없고 공부를 못한다고 혼내는 사람만 많다고 합니다. 또한 공부를 잘하는 아이들과 정서적 문제로 상담을 하다 보면, 누가 봐도 가장 행복해야 할 아이인데도 불구하고 부모의 지나치게 높은 목표와 욕심으로 행복감이 아주 낮은 경우가 많습니다.

충분히 이해를 받지 못하고 자라면, 억눌려 있던 감정들이 하나씩 사회적 문제로까지 폭발하는 경우가 많습니다. 지금 자녀의 성적이 아니라 자녀가 학습에 있어 어떤 어려움을 가지고 있는지에 대해 마음을 나누어 보십시오.

우리는 화초를 키울 때 화초별 특징에 맞게 정성스럽게 물을 주고 온도 등을 조절해줍니다. 우리 아이들은 화초보다 더 많은 관심과 애정을 필요로 하고 있습니다.

아이의 말을 경청하고 공감해주면 아이가 무엇을 원하고 있는지 알 수 있습니다. 아이의 입장에서 아이가 필요로 하는 부분에서 따뜻한 도움을 주십시오. 아이들은 부모의 따뜻하고 올바른 양육으로 건강하고 행복한 성인으로 자랄 수 있습니다.

　　　　　　　　　　　　　　　　　　　　　　　　이민선

● 최근 나는 매우 아팠습니다. 큰 수술을 받은 후 신체적인 아픔으로 무척 고통스러웠습니다. 그 아픔 때문에 각종 진통제에 의지하였으나, 고통은 시간이 지나면서 자연스럽게 사라졌습니다. 그러나 그 과정에 동반한 정신적 아픔은 쉽게 해결되지 않습니다. 커다란 수술 자국과 함께 평생 상처로 남을 것 같은 생각이 듭니다. 이러는 중에 이 책의 집필에 동반 편승하게 되었습니다.

내가 만났던 행동과 정서 면에서 아픔이 있었던 많은 아이가 스쳐 지나가는데, 좀 더 공감해주고 더 많이 안아주고 사랑해줄 걸 싶은, 후회가 아닌 연민과 깊은 연대감이 떠올라서 쓰는 내내 괴로웠습니다.

그들 뒤에는 부모와 형제가 있고 교사와 친구가 있었습니다. 그런데 그들은 외로워 울었고, 고통에 혼자 힘들어했습니다. 위로받기는커녕 의미 있는 타인들에게 상처받아 아파했습니다. 이런 상처들은 쉽게 치유되지 않습니다. 상처 주었던 것의 몇 배나 되는 노력으로도 허사일 수도 평생 치유되지 않을 수도 있습니다.

혹시 내 아이와 가족이, 친구와 선후배가, 제자와 스승이, 내 이

옷이 혼자 외롭게 남몰래 울고 있지는 않은지! 소리 없이 아파하면서 도와달라고 손을 내밀고 있는데 혹시 자신도 모르는 사이 내치고 있는 것은 아닌지! 바쁘다는 핑계로 방치와 무관심, 더 큰 상처를 주진 않는지! 한번 되돌아보는 계기가 되었으면 합니다.

임혜숙

● 아이에게 부모는 어떤 존재일까요? 몽골에서 온 남매 가수 '악동뮤지션'의 〈얼음들〉이라는 노래가 있습니다. 여기서 얼음은 어른을 의미합니다. 차갑기만 한 얼음을 아이들은 어른으로 봅니다. 더운 여름에 더위를 식혀줄 시원한 얼음일 수도 있지만, 차갑고 딱딱한 얼음이 될 수도 있는 것이 우리 어른이고 부모일 수 있습니다. 내 아이에게 시원함과 상쾌함을 줄 수 있으려면 우리는 어떤 부모가 되어야 할지 생각해봅니다.

최근 부모의 역할은 점점 더 어려워지는 것 같습니다. 많은 부모를 만나보니 부모들은 자녀 양육이라는 인생에서 처음 경험하는 과제를 받고 불안해합니다.

많은 부모가 자녀의 부적응이나 부모 자녀 관계의 악화 등 다양한 문제를 겪고 있습니다. 어떤 문제는 자녀의 성장 과정에서 자연스럽게 수반되는 것으로 볼 수도 있고, 어떤 문제는 위험 요인이 무엇인지 분명하게 인식하고 대처해야 할 필요가 있습니다.

아이를 키우는 세상의 모든 부모에게 말하고 싶었던 이야기를 이 책을 통해 전하고 싶었습니다. 세상의 모든 부모가 자식을 생각하는 마음만은 말 안 해도 다 같은 것 같습니다.

그런데 부모는 자녀 양육에 최선을 다한다고 하는데 자식은 왜 최고가 되지 못하는지 이유를 생각해봅니다. 특히 어머니를 만나면서 아이를 따뜻하게 바라볼 수 있는 여유가 생겼으면 하는 마음이었으나 쉽지 않았습니다. 어머니와 아이들 사이에 어떤 일들이 일어나고 있는 걸까요?

아이들은 태어날 때 자신이 먹고살 만한 재능 하나씩은 타고 태어난다고 합니다. 어떤 아이에서는 그 재능을 찾아내기 어려울 것 같아도 찬찬히 오래 보면 작은 재능 하나라도 찾을 수 있습니다. 빨리 찾을 수도 오래 걸릴 수도 있습니다. 기다려주고, 인정해주고, 봐주는 여유가 필요합니다. 왜 가장 가까이에서 오래 보고 있던 부모는 그것을 찾기 어려워할까요?

아이 앞에 먼저 서 있지 말고, 아이 뒤에 서 있는 부모가 되길 바랍니다. 뒤에서 찬찬히 바라볼 때 아이의 걸음걸이도, 아이가 가는 방향도, 아이의 관심사도 봐줄 수 있습니다. 뒤에서 믿어주는 부모를 보면서 아이는 편한 마음으로 자기 길을 걸어갈 수 있습니다.

자녀와 같이 성장하기를 원하는 부모가 있다면, 이 책을 읽으며 내 아이를 다시 한 번 찬찬히 봐주길 바랍니다. 그리고 아이의 꿈에 대한 이야기를 나눌 수 있길 바라는 마음입니다. 부모와 자녀 사이에 일어나는 문제는 뜻밖에 간단하게 해결되는 경우가 많다는 것을 잊지 않길 바랍니다.

김은정

이 도서의 국립중앙도서관 출판시도서목록(CIP)은 e-CIP홈페이지(http://www.nl.go.kr/ecip)와
국가자료공동목록시스템(http://www.nl.go.kr/kolisnet)에서 이용하실 수 있습니다.(CIP제어번호 : CIP2017004253)

공부가 싫은 아이들의 자존감 교실
학습상담사의 특별한 코칭

초판 1쇄 발행 2017년 3월 2일

지은이 오연주, 이민선, 임혜숙, 김은정
펴낸이 윤미정

책임편집 차언조
책임교정 김계영
홍보 마케팅 이민영

펴낸곳 푸른지식 출판등록 제2011-000056호 2010년 3월 10일
주소 서울특별시 마포구 월드컵북로 16길 41 2층
전화 02)312-2656 팩스 02)312-2654
이메일 dreams@greenknowledge.co.kr
블로그 greenknow.blog.me

ⓒ 오연주, 이민선, 임혜숙, 김은정 2017
ISBN 978-89-98282-93-6 13370

이 책은 저작권법에 따라 보호받는 저작물이므로 무단전재와 복제를 금합니다.
이 책 내용의 전부 또는 일부를 이용하려면 반드시 저작권자와 푸른지식의 서면동의를 받아야 합니다.

잘못된 책은 바꾸어 드립니다.
책값은 뒤표지에 있습니다.